CATALOGUE

D'UNE BELLE COLLECTION

D'ESTAMPES

ANCIENNES ET MODERNES

DES DIFFÉRENTES ÉCOLES

ET DE

LIVRES A GRAVURES

DONT LA VENTE AURA LIEU

HOTEL DROUOT

SALLE N° 4

Les 14, 15, 16 et 17 Avril 1869

A UNE HEURE

Par le ministère de M⁰ **BOULOUZE**, Commissaire-Priseur,
rue du Cardinal-Fesch, 24,

Assisté de **M. CLEMENT**, M^d d'Estampes de la Bibliothèque Impériale,
rue des Saints-Pères, 3,

CHEZ LESQUELS SE DISTRIBUE LE CATALOGUE.

EXPOSITION PUBLIQUE

Le Mardi 13 Avril 1869, de une heure à cinq heures

PARIS

RENOU & MAULDE

IMPRIMEURS DE LA COMPAGNIE DES COMMISSAIRES-PRISEURS

Rue de Rivoli, 144

—

1869

CONDITIONS DE LA VENTE

Elle sera faite au comptant.

Les Acquéreurs paieront en sus des adjudications CINQ POUR CENT applicables aux frais.

ORDRE DES VACATIONS

<table>
<tr><td>PREMIÈRE VACATION.................</td><td>N^{os}</td><td>1 à 182</td></tr>
<tr><td>DEUXIÈME —   ....</td><td></td><td>183 à 370</td></tr>
<tr><td>TROISIÈME —   ....</td><td></td><td>371 à 554</td></tr>
<tr><td>QUATRIÈME —   (livres à figures)</td><td></td><td>555 à la fin.</td></tr>
</table>

DÉSIGNATION

DES

ESTAMPES

ALDEGRAVER (Henri)

1 — La Nativité, 1553 (B. 39).

Superbe épreuve; elle est signée de P. Marielle. 1663.

ANDRÉA (Zoan)

2 — La Danse des quatre Femmes, d'après A. Mantegna (B. 18.)

Superbe épreuve.

BALECHOU (Jean-Joseph)

3 — Sainte Geneviève, patronne de Paris, d'après Carle Van Loo.

Très-belle épreuve avant que le jupon ait été raccordé, avant l'adresse de l'auteur et avant les raies sur les lettres.

BARRIÈRE (Dominique)

4 — Marine (R. D. 185). — Ulysse faisant remettre Chryséis à son père (R. D. 188). — Mercure escortant deux Femmes (R. D. 188). — Bellérophon domptant la Chimère (R. D. 189). Quatre pièces, d'après Claude Gellée.

Très-belles épreuves, le n° 185 d'un premier état, avant toutes lettres, inconnu à R. D. Elles ont toute leur marge.

BEGA (Corneille)

5 — La jeune Aubergiste (B. 33).
Superbe épreuve du premier état.

6 — Le Cabaret (B. 35.)
Magnifique épreuve du premier état.

BEHAM (Hans Sebald)

7 — Adam et Eve chassés du Paradis, 1543 (B. 7).
Très-belle épreuve.

8 — Tête du Christ, 1520 (B. 39).
Très-belle épreuve, rare.

9 — L'Enfant Prodigue quitte la maison paternelle
(B. 31).
Superbe épreuve du premier état. Rare.

10 — Les Evangélistes (B. 55-58). Suite de quatre estampes.
Très-belles épreuves.

11 — La Fortune contraire (B. 181).
Superbe épreuve du premier état; elle à une belle marge.

12 — Le Triomphe, 1589 (B. 182).
Superbe épreuve du premier état, rare

13 — La Mort se saisissant d'une jeune Femme nue et
debout, 1596 (B. 150).
Très-belle épreuve.

14 — Le Paysan à la fourche, 1542, et son Compagnon
(B. 188-89).
Superbes épreuves du premier état.

BEHAM (Hans Sebald)

15 — Le Porte-Enseigne et le Tambour, 1544 (B. 199.)
Très-belle épreuve.

16 — Les Armoiries de Sebald-Beham (B. 254.)
Superbe épreuve avec une belle marge.

17 — Armoiries d'Imagination (B. 255).
Superbe épreuve avec une belle marge.

18 — Les Armoiries à l'Aigle (B. 257.)
Magnifique épreuve.

BELLE (Étienne de la)

19 — Vue et perspective du Pont-Neuf de Paris (J. 42).
Superbe épreuve avant la girouette, placée sur le clocher de Saint-Germain l'Auxerrois.

BERGHEM (Nicolas)

20 — La Vache qui pisse (B. 2).
Très-belle épreuve du premier état avant l'adresse de P. de Witt.

21 — Les trois Vaches au repos (B. 3).
Magnifique épreuve du premier état avant les travaux sur les montagnes du fond à gauche, avant le nom du maître; elle à une belle marge. Très-rare.

22 — Le Joueur de cornemuse. Pièce connue sous le nom du Diamant (B. 8). Ce morceau est un des plus beaux du maître.
Superbe épreuve.

23 — L'Homme monté sur l'âne, ou le Retour des champs (B. 5).
Magnifique épreuve du premier état, avant beaucoup de travaux. Très-rare.

BERGHEM (Nicolas)

24 — Le Berger jouant du flageolet (B. 6).

Très-belle épreuve du premier état, avant le numéro 51 et avant les taches d'eau forte à gauche ; elle à une belle marge.

25 — Le Pâtre causant avec une Femme (B. 7).

Très-belle épreuve d'une pièce rare ; elle à une belle marge.

26 — Le Ruisseau traversé à gué, ou la Bergère montée sur l'âne (B. 12ᵃ).

Très-belle épreuve d'un morceau rare.

27 — Les quatre Pièces d'Animaux en largeur B. (13-16).

Superbes et très-rares épreuves du premier état, avant le nom du maître et avant l'adresse de Visscher.

28 — Les Vaches à la Laitière (B. 23-28). Suite de six estampes.

Superbes épreuves.

29 — Le Cahier avec la Bergère chantant (B. 29-38). Suite de six pièces.

Superbes et très-rares épreuves du premier état, avant les numéros et l'inscription au morceau qui sert de titre.

BETTELINI (Pierre)

30 — Galileo Galilei, d'après Passignani.

Superbe épreuve avant la lettre ; le titre et les noms d'artistes tracés.

BLANCHARD (Auguste)

31 — Le Congrès de Paris, 30 mars 1856, d'après Dubufe.

Très-belle épreuve sur papier de chine.

BOEL (Pierre)

32 — Deux Faucons tombant sur un Héron (B. 2).
Superbe épreuve, rare. Elle à une belle marge.

33 — Les Eperviers et les Canards (B. 6).
Superbe épreuve d'un morceau rare.

BOL (Ferdinand)

34 — Le Sacrifice d'Abraham (B. 1).
Superbe épreuve du premier état, avant le nom du maître et avant beaucoup de travaux. Elle est fortement chargée de barbes et d'un effet extraordinaire. Presque unique.

35 — Saint Jérôme dans une caverne (B. 3).
Superbe épreuve; les bords de la planche trés-sales; elle a de la marge.

36 — La Famille (B. 9).
Très-belle épreuve.

37 — Vieillard philosophe (B. 6.)
Très-belle épreuve.

38 — L'Astrologue (B. 8).
Très-belle épreuve du premier état, à l'eau forte pure, avant le nom du maître, etc. Très-rare.

BOLSWERT (Schelte à)

39 — Paysage à l'Homme qui fait boire deux chevaux, d'après Rubens (Bas. 19).
Magnifique épreuve du premier état, avant les figures.

40 — Paysage à l'Homme qui tire un coup de fusil, d'après Rubens (Bas. 19).
Magnifique épreuve avant toutes lettres.

BREENBERG (Bartholomée)

41 — La Villa des Empereurs à Rome (B. 6).

Très-belle épreuve; elle a une belle marge.

42 — La Tour Leonini, près de Frascati (B. 9).

Très-belle épreuve; elle a une belle marge.

43 — L'Hôtellerie de Prima Porta dans la campagne de Rome (B. 19).

Très-belle épreuve; elle a une belle marge.

44 — Joseph faisant distribuer du blé pendant la famine en Egypte. En deux planches (inconnue à B., mais décrite sous le nom 30 dans le supplément de Weigel.

Magnifique épreuve du premier état, d'un morceau de première importance avant beaucoup de travaux et avec la coulure d'eau forte sur le pied de l'homme debout devant la table. Presque unique, on y a joint une épreuve de la copie faite par Episcopius.

BRIZIO (François)

45 — La Sainte Vierge assise au bord d'une fontaine, près de l'Enfant Jésus, à qui saint Joseph donne des fruits de palmier, d'après le Corrège (B. 8).

Superbe épreuve d'essai avant le fond de paysage à droite et à gauche, avant le nom du maître, etc. Probablement unique.

CALAMATTA (Louis)

46 — La Vierge à la Chaise, d'après Raphael.

Très-belle épreuve d'artiste, sur chine, avec les noms à la pointe.

CAMPAGNOLA (Dominique)

47 — La Bataille (B. 10).

Très-belle épreuve.

CAMPAGNOLA (Jules)

48 — Femme nue couchée dans un Paysage.

Inconnue à Bartsch et Passavant. Très-belle épreuve provenant du cabinet Wellesley ou elle était attribuée à Dom. Campagnola. Extrèmemen rare.

CARRACHE (Annibal)

49 — Le Christ de Caprarole (B. 3).

Superbe épreuve avant l'adresse de V. van Aelst.

CARRACHE (Augustin)

50 — Titien Vecelli (B. 159).

Très-belle épreuve.

51 — Dessin d'Eventail, avec le portrait de Léonora d'Este en Diane, dans un médaillon (B. 260).

Très-belle épreuve avant l'adresse de Carenzani.

CASA (Nicolas della)

52 — Come de Midicis en armure riche, vu jusqu'aux genoux, d'après B. Bandinelli, 1544 (Pas. 3).

Belle épreuve, rare.

53 — Baccio Bandinelli, sculpteur Florentin, d'après son propre dessin (Pas. 4).

Belle épreuve, rare.

CLOUWET (Pierre)

54 — Anna Wake. comtesse de Sussex, d'après A. van Dyck.

Superbe épreuve du premier état, avant la lettre.

CRANACH (Lucas)

55 — La Pénitence de saint Chrysostôme (B. 1).

Ancienne et très-belle épreuve.

56 — Un Tournoi, 1509 (B. 126).

Superbe épreuve.

57 — Autre Tournoi, 1509 (B. 127).

Belle épreuve ; elle a toute ses marges.

DADO (Béatr.), dit le Maître au Dé

58 — Le Sacrifice à Priape (B. 27).

Magnifique épreuve du premier état; avec le membre viril droit.

59 — La Fable de Psyché, écrite par Apulée, d'après Raphael. Suite de trente-denx estampes, gravée conjointement avec Augustin Vénitien (B. 39-70).

Superbes épreuves d'une même égalité de tirage, du premier état, avant la retouche de F. Villamena, et avant l'adresse d'Ant. Salamanca. Très-rare.

60 — Vénus ordonnant à Psyché d'aller chercher de l'eau à une fontaine gardée par des dragons, d'après Raphael (B. 71).

Sujet isolé de l'histoire du Psyche. Superbe épreuve du premier état.

DALEN (Corneille van)

61 — Pierre Arétin. — Jean Boccace. — Georges Barbarelli, dit le Giorgion. — Sébastien del Piombo. Ces quatre magnifiques Portraits sont gravés d'après le Titien.

Superbes épreuves du premier état; avant la lettre.

DELFF (Guillaume)

62 — Michel Miereveld, d'après A. van Dyck.

Superbe épreuve d'essai, avant toutes lettres, et avant quelque s travaux sur les gants. Très-rare.

63 — Gaspard de Coligny, d'après Miereveld.

Très-belle épreuve.

DREVET (Claude)

64 — Vintimille (Charles-Gaspard-Guillaume), archevêque de Paris, d'après Rigaud.

Superbe épreuve au premier état avant les tailles faites à la bordure gauche, près du milieu des cordons à glands. Elle a de la marge.

DREVET (Pierre)

65 — Beauveau (René de), archevêque de Narbonne, d'après Rigaud.

Très-belle épreuve.

66 — Forest (Jean), peintre, d'après Largillière.

Superbe et très-rare épreuve avant toutes lettres.

DREVET (PIERRE)

67 — Toulouse (Louis-Alexandre de Bourbon, comte de), tenant un bâton de commandement, d'après Rigaud.

Très-belle épreuve.

68 — Hyacinthe Rigaud tenant un crayon, d'après lui-même.

Très-belle épreuve avant la lettre.

DREVET (P.-IMBERT)

69 — Bossuet (Jacques-Bénigne), d'après Rigaud.

Très-belle épreuve avant les points ; elle a de la marge.

70 — Cisternay du Fay (Jérôme de), capitaine aux gardes françaises, d'après Rigaud.

Superbe épreuve avant toutes lettres.

71 — Dubois (Guillaume), cardinal-archevêque, d'après Rigaud.

Superbe épreuve ; elle a de la marge.

72 — Pucelle (Réné), conseiller au Parlement, d'après Rigaud.

Superbe et très-rare épreuve avant toutes lettres.

DUJARDIN (KAREL)

73 — Les deux Chevaux (B. 8).

Superbe épreuve du premier état.

DURER (Albert)

74 — Son Portrait, gravé par W. Hollar (Parthey, 1390).

Superbe épreuve du premier état; avant le mot pinxit, après Albertus.

75 — Le Portrait de son Père (P. 1389).

Superbe épreuve.

76 — Adam et Eve (B. 1).

Très-belle épreuve tirée sur papier à la tête de bœuf.

77 — La Nativité (B. 2).

Epreuve superbe; elle a de la marge.

78 — La Passion de Jésus-Christ. Suite de seize estampes (B. 3-18).

Superbes épreuves d'une même égalité de tirage.

79 — La Face de Jésus-Christ (B. 25).

Superbe épreuve.

80 — L'Enfant Prodigue (B. 28).

Magnifique épreuve avant l'égratignure sur l'épaule de l'homme.

81 — Sainte Anne et la jeune Vierge (B 29).

Très-belle épreuve.

82 — La Vierge à la couronne d'Etoiles (B. 32).

Très-belle épreuve.

83 — La Vierge à la couronne d'Etoiles et au Sceptre (B. 32.)

Superbe épreuve d'un morceau rare.

DURER (ALBERT)

84 — La Vierge aux cheveux courts, liés avec une ban-
delette (B. 33).
Très-belle épreuve.

85 — La Vierge assise, embrassant l'Enfant Jésus (B. 35).
Superbe épreuve.

86 — La Vierge donnant le sein à l'Enfant Jésus (B. 36).
Superbe épreuve.

87 — La Vierge couronnée par un Ange (B. 37).
Très-belle épreuve.

88 — La Vierge avec l'Enfant Jésus emmaillotté (B. 38).
Superbe épreuve.

89 — La Vierge à la Poire (B. 41.)
Superbe épreuve.

90 — La Vierge au Singe (B. 82).
Magnifique épreuve du premier état; avant les traits échappés
sur le singe.

91 — La Sainte Famille au papillon (B. 44.)
Superbe épreuve.

92 — Saint Christophe (B. 52).
Très-belle épreuve.

93 — Saint George à pied (B. 53).
Superbe épreuve.

94 — Saint Eustache ou saint Hubert (B. 57.
Epreuve de plus grande beauté; tirée sur papier à la grande
couronne.

DURER (Albert)

95 — Saint Jérôme dans sa cellule (B. 60).
Magnifique épreuve.

96 — Saint Jérôme en pénitence (B. 61).
~~Superbe~~ épreuve.

97 — Sainte Geneviève (B. 63).
Superbe épreuve.

98 — Les trois Génies (B. 66).
Superbe épreuve.

99 — La Famille du Satyre (B. 69).
Très-belle épreuve.

100 — L'Enlèvement d'Amymone (B. 71).
Superbe épreuve, tirée sur papier à la couronne.

101 — Le Ravissement d'une jeune Femme (B. 71).
Superbe épreuve, tirée avant les tâches de rouille.

102 — L'Effet de la Jalousie (B. 73).
Superbe épreuve, tirée sur papier à la grande couronne.

183 — La Mélancolie (B. 78).
Superbe épreuve.

104 — Le Groupe des quatre Femmes nues (B. 75).
Magnifique épreuve.

105 — L'Oisiveté (B. 76).
Epreuve d'une beauté rare.

DURER (Albert)

106 — La Grande Fortune (B. 77).
Superbe épreuve, tirée sur papier à la grande couronne.

107 — La Petite Fortune (B. 78).
Très-belle épreuve.

108 — L'Hôtesse et le Cuisinier (B. 89).
Très-belle épreuve.

109 — L'Assemblée de gens de guerre (B. 88).
Superbe épreuve.

110 — Le Paysan du Marché (B. 89).
Très-belle épreuve.

111 — Le Branle (B. 90).
Superbe épreuve. Rare à trouver belle.

112 — Le Violent (B. 92).
Magnifique épreuve avec des barbes.

113 — Les Offres d'amour (B. 93).
Superbe épreuve du premier état, tirée sur papier au P gothique.

114 — Le Seigneur et la Dame (B. 94).
Magnifique épreuve du premier état, avant les hachures entre le nez et la joue de la dame; tirée sur papier à la tête de bœuf. Très-rare de cette qualité.

115 — Le Pourceau monstrueux (B. 95).
Superbe épreuve avec les traces de la pierre-ponce.

116 — Le Petit cheval (B. 96).
Superbe épreuve tirée sur papier à la tête de bœuf.

DURER (Albert)

117 — Le Grand cheval (B. 67).
Magnifique épreuve,

118 — Le Cheval de la Mort (B. 98.)
Epreuve de la plus grande beauté.

119 — Le Canon (B. 99).
Très-belle épreuve.

120 — Les Armoiries à la tête de mort (B. 101).
Superbe épreuve.

121 — Albert de Mayence, vu de profil (B. 103).
Très-belle épreuve du premier état, avant la retouche.

122 — Erasme de Rotterdam (B. 127).
Superbe épreuve; elle a une belle marge.

123 — Le Crucifiement. Pièce gravée au trait (Pas. 109).
Très-belle épreuve du premier état, avant le monogramme.
Morceau rare.

124 — La Passion de Jésus-Christ. Suite de trente-sept
pièces (B. 17-52) gravées sur bois. Manque le titre.
Superbes épreuves avec le texte au verso.

DUSART (Corneille)
(B. VI, p. 56)

125 — Le Couple ivre (B. 7).
Très-belle épreuve.

126 — Le Chien dansant (B. 11).
Superbe épreuve d'un morceau rare.

DUSART (CORNEILLE)

(B. VI, p. 56)

127 — Le Cordonnier renommé (B. 14).

Magnifique épreuve du premier état à l'eau forte pure, et avant la lettre dans la marge du bas. Extrèmement rare.

128 — Le Violon assis (B. 15).

Superbe épreuve avec les travaux de roulette très-apparents.

29 — La Fête de village (B. 16).

Superbe épreuve tirée avant les tâches de rouille en haut et en bas.

DYCK (ANTOINE VAN)

130 — Le Christ au roseau.

Magnifique épreuve du premier état, avant les mots « et fecit aqua forti » après le nom de Van Dyck, et le mot « Regis » après « cum privilegio.

131 — Le Titien et sa Maîtresse.

Magnifique épreuve, avant les mots « Titianus invenit » et avant l'adresse de Bon-Enfant.

132 — Breughel (Jean), dit de velours.

Magnifique épreuve du second état; une partie de fond couverte de travaux; mais avant la lettre. Très-rare. Le premier est presque unique.

133 — Dyck (Antoine van), en buste.

Très-belle épreuve du troisième état, avec l'adresse de Gillis Hendrix.

134 — Franck (François).

Superbe épreuve du second état, avant la lettre, mais avec le fond. Extrèmement rare, le premier presque unique.

DYCK (ANTOINE VAN)

135 — Momper (Josse de).

Superbe épreuve du troisième état. avant l'adresse de G. H..

136 — Le Même personnage gravé une seconde fois.

Très-belle épreuve du troisième état, avec l'adresse de Martinus van den Enden.

137 — Oort ou Noort (Adam van).

Magnifique épreuve du second état, avec le fond, mais avant la lettre. Extrêmement rare. Le premier est presque unique.

138 — Snellinx (Jean). Seconde planche.

Superbe épreuve du second état, qui est le premier de la planche, terminée par Pierre de Jodie. Elle est avant le nom du graveur. Très-rare.

139 — Snÿders (François).

Superbe épreuve du troisième état, qui est le premier de la planche terminée par Jacques Neeffs, avec l'adresse de G. H. Rare.

140 — Vorsterman (Lucas).

Admirable épreuve du troisième état, avec l'adresse de G. H. Très-rare.

141 — Vos (Guillaume de).

Magnifique épreuve du second état, avant la lettre, mais avec le fond. Extrêmement rare. On ne connaît que deux épreuves du premier état.

142 — La Même estampe.

Superbe épreuve du troisième état, terminée par S. A. Bolswert ; elle a une belle marge.

DYCK (Antoine Van)

143 — Waverius, ou Van den Wouwer (Chevalier Jean).

Magnifique épreuve du troisième état, la planche, terminée par Paul Pontius. Elle est avant le nom du graveur. Très-rare. On ne connaît qu'une seule épreuve du premier état, et deux du second.

EARLOM (Richard)

144 — Les Fleurs et les Fruits, d'après Van-Huysum.

Superbes épreuves avant la lettre. La seconde est avant les mots : fari quæ sentiat, qui servent de devise au bas des armes. Rares.

EDELINCK (Gérard)

144 bis — La Sainte Famille, d'après Raphaël (R. D. 8).

Superbe épreuve, avant les armes de l'abbé Colbert, qui ont été placées postérieurement au bas du milieu du sujet, et qui ont été effacées dans les dernières épreuves ; elle a une belle marge.

145 — Le Combat des quatre Cavaliers, d'après L. de Vinci (R. D. 44.

Magnifique épreuve du deuxième état, avant les points sur la lame du sabre du second des cavaliers de gauche. Elle a de la marge.

146 — Champagne (Philippe de), d'après lui-même (164).

Superbe épreuve du premier état, avant le trait échappé.

147 — Desjardins (Martin Van den Bogaert, connu sous le nom de), d'après Rigaud.

Superbe épreuve du premier état, avant l'adresse.

FLAMEN (ALBERT)

148 — Différentes Vues de France, principalement des environs de Paris (R. D. 514, 17, 20, 25, 29, 32, 35, 37, 39, 81). Dix estampes.

Collection curieuse, comprenant la vue du campement de l'armée de Son Altesse Royale au bout du faubourg Saint-Victor (du temps de la Fronde). Belles épreuves, plusieurs du premier état.

FORSTER (FRANÇOIS)

149 — La Vierge à la légende, d'après Raphël.

Très-belle épreuve numérotée avant la lettre, sur papier de Chine; elle est signée de l'auteur.

FRANCIA (JACOPO)

150 — Saint Pétrone, patron de Bologne, entouré de quatre saints (B. 1).

Pièce capitale du maître. Épreuve superbe; extrêmement rare.

FRUYTIERS (PHILIPPE)

151 — Edelhur (Jacques), député aux Etats de Brabant.

Magnifique épreuve d'essai; la marge d'en bas étant coupée, on ne peut pas constater si elle est avant la lettre, ce qui est probable; mais elle est tirée avant les armes du personnage à la droite d'en haut, et avant plusieurs autres travaux. Probablement unique.

GALLE (CORNEILLE)

152 — Wolfort (Artus), peintre, d'après A. van Dyck.

Superbe épreuve du premier état, avant le nom du graveur.

GARAVAGLIA (Giovita)

153 — Agar et Ismaël au désert, d'après Barrocio.

Très-belle épreuve avant la lettre, le titre tracé.

GELLÉE (Claude), dit le Lorrain

154 — La Fuite en Egxpte (R. D. 1).

Très-belle épreuve du premier état.

155 — L'Apparition (2)..

Superbe épreuve du premier état ; elle a une belle marge.

66 — Mercure et Argus (17).

Très-belle épreuve du premier état ; elle a sa marge vierge.

157 — Le Chevrier (19).

Très-belle épreuve du second état ; elle a sa marge vierge.

158 — Le Temps, Apollon et les Srisons (20).

Superbe épreuve du premier état ; elle a sa marge vierge.

159 — Berger et Bergère conversant (21).

Très-rare et magnifique épreuve du premier état, à l'eau forte pure.

160 — La Même estampe.

Superbe épreuve du quatrième état, terminée par le maître, mais avant la retouche à l'eau forte. Elle a sa marge vierge.

161 — L'Enlèvement d'Europe (22).

Superbe épreuve du premier état, rare ; elle a sa marge vierge.

GELLÉE (CLAUDE), dit le Lorrain

162 — Le Campo Vaccino (23).

Belle et ancienne épreuve du cinquième état ; elle a sa marge entière.

163 — Les quatre Chèvres (27).

Superbe épreuve du premier état ; elle a une belle marge.

GOLTZIUS (HENRI)

164 — Françoise d'Egmont, à mi-corps (B. 168).

Très-belle épreuve.

165 — Robert Dudley, comte de Leicester (B. 168).

Petit chef-d'œuvre gravé sur une pierre d'argent. Superbe épreuve avec une belle marge. Très-rare.

166 — Johannes Stradanus, peintre (B. 187).

Superbe épreuve avec une belle marge.

167 — Un Officier de guerre portant un drapeau (B. 218).

Très-belle épreuve.

GOUDT (HENRI DE), comte palatin

168 — L'Ange accompagnant le jeune Tobie qui porte un poisson. — Le même sujet traité différemment et en plus grand. — La Fuite en Egypte. — La Décollation de saint Jean. — Philémon et Baucis accordant l'hospitalité à Jupiter et à Mercure. — Cérès cherchant sa fille. — L'Aurore, joli paysage. Toutes ces pièces sont gravées d'après Elzheimer, et forment l'œuvre complet du maître.

Superbes épreuves.

HALDENWANG (Chrétien)

169 — Le Matin. Beau paysage, d'après Claude le Lorrain.

Très-belle épreuve d'artiste, seulement les noms tracés.

170 — Le Midi. Beau paysage, d'après Claude le Lorrain.

Très-belle épreuve d'artiste, seulement les noms tracés.

HEUSCH (Guillaume de)

171 — Pan et Syrinx. — La Fileuse. — Le Berger. —
L'Ane et les Chèvres. Quatre estampes formant
une suite ; les deux premières décrites par
Bartsch, sous les n°s 9 et 10, les autres restés inconnues à lui, mais décrites par Weigel, sous
les n°s 11 et 12.

Très-belles épreuves. Extrêmement rares.

HIRSCHVOGEL (Augustin)

172 - Paracelse, médecin célèbre, à mi-corps (B. 2).
Magnifique épreuve. Rare.

HOLLAR (Wenceslas)

173 — Les Quatre Saisons, représentées par des Dames
anglaises richement costumées. Suite de quatre
estampes (Parthay 610).

Très-belles épreuves du premier état, avant l'adresse de P. L.
de Ciartres.

174 — La Cathédrale de Strasbourg (892).
Superbe épreuve rare ; elle a une belle marge.

HOLLAR (Wenceslas)

175 — Différents Manchons (1945-48).
Superbes épreuves ; rares

176 — Le Lièvre suspendu, d'après P. Boël (2058).
Superbe épreuve.

177 — Le Grand Calice, richement ornementé, d'après
André Mantegna (2683).
Très-belle épreuve ; elle a une belle marge.

HONDIUS (Guillaume)

178 — Franck (François), le jeune, peintre, d'après A. van
Dyck.
Superbe épreuve du premier état, avant le nom du graveur.

IESI (Samuel)

179 — Léon X, d'après Raphaël.
Très-belle épreuve avant la lettre ; elle est signée du maître.

IODE (Pierre de)

180 — Halmalius (Paul), sénateur d'Anvers, d'après A.
van Dyck.
Très-belle épreuve avec l'adresse de M. Van den Enden.

181 — Urphé (Geneviève d'), veuve de Charles-Alexandre,
duc de Croy, d'après A. van Dyck.
Superbe épreuve avec l'adresse de M. Van den Enden ; elle a
de grandes marges.

LE DUCQ (Jean)

182 — Différents Chiens. Suite de huit estampes (B. 1-8).

Magnifiques épreuves du premier tirage, sur papier à la folie. Extrêmement rares.

LEEST (Antoine van)

183 — Don Juan d'Austria, frère de Philippe II, roi d'Espagne.

Très-belle épreuve d'un morceau non décrit et presque unique.

LESUEUR (D'après Eustache),

184 — La Galerie du président Lambert. Suite de vingt-deux pièces, gravées par Beauvais, Desplaces, Duflos, Dupuis, etc.

Superbes épreuves avant toutes lettres

LEYDE (Lucas de)

185 — L'Histoire de la Création et de la chûte du premier Homme. Suite de six estampes (B. 1-6).

Très-belles épreuves de la même égalité de ton.

186 — L'Histoire de Joseph. Quatre estampes (B. 19-22).

Superbes épreuves.

187 — La Vierge avec l'Enfant Jésus, assise dans un paysage (B. 84).

Superbe épreuve.

LIVENS (JEAN)

188 — Les Joueurs et la Mort (B. 11).

Très-belle épreuve du premier état, inconnu à Bartsch, avec l'adresse de M. Van den Enden. Très-rare.

189 — Ephraim Bonus (B. 56).

Magnifique épreuve du premier état non décrit, avant l'adresse de Clément de Jonghe, et avec les fautes « discipulque patri, » au lieu de « discipulus que patric. Extrêmement rare.

190 — Juste Vondel (B. 57).

Superbe épreuve avec l'adresse de Th. Matham.

191 — Portrait de Robert South, Anglais, âgé de cent douze ans (B., pièces gravées, etc., 25).

Superbe épreuve du premier état, avant la retouche au burin; excessivement rare. Bartsch n'en a vu qu'une épreuve coupée.

MAITRES ANONYMES ALLEMANDS
DU XVe SIÈCLE

192 — La Mort se saisissant d'un jeune homme (B. 1, T. 10, P. 54, n° 30).

Morceau très-curieux du premier temps de l'art et presque unique. H. 69^{mm}., L. 115^{mm}. Bartsch n'en a vu qu'une épreuve coupée. Très-belle épreuve avec belle marge.

193 — Ange tenant un drap avec le cœur de Jésus. H. 85^{mm}. L. 68^{mm}. Non décrite.

Gravée par un artiste de l'école du maître de 1466. Elle porte les traces d'un ancien coloris. Très-belle épreuve. Presque unique.

MAITRE ANONYME FLAMAND DU XVe SIECLE

194 — Saint Pierre debout (Pass. II, 90, 42).

Le graveur de cette pièce, de la plus haute antiquité, a été probablement le maître de Fr. de Bocholt. Superbe épreuve. Presque unique.

MAITRE HOLLANDAIS AU MONOGRAME WA
(B. VI, p. 56)

195 — Saint Pierre debout dans une niche d'architecture gothique (B. 1).

Ce maître est maintenant reconnu avoir été le premier qui ait gravé en Hollande. Épreuve superbe. Presque unique.

MAITRE AU MONOGRAMME M
(B. VI, p. 397)

196 — Ange tenant un écusson sur lequel il y a un lion. Manque chez B.. mais décrite par Pass. II, 112, 96).

Superbe épreuve. Très-rare.

MAITRE AU MONOGRAMME V ᴍM

197 — Saint Christophe traversant l'eau (Pass. II, III, 48).

Imprimée d'une encre pâle, comme les morceaux du maître à l'Écrevisse. Superbe épreuve extrêmement rare.

MAITRE AU MONOGRAMME S
(B. VIII, 13)

198 — Six pièces d'une Passion de Jésus-Christ, compositions de figures dans des ronds, entourées de bordures richement ornementées.

Jésus-Christ pris par les Juifs.

Pilate se lave les mains.

Jésus-Christ dépouillé de ses habits.

Jésus-Christ mort.

La Descente aux limbes.

L'Ascension.

Ces pièces sont restées inconnues à Bartsch, mais décrites par Pass. III., p. 53 Elles sont extrêmement rares. Épreuves superbes

MAITRE AU MONOGRAMME I. B.

(R. VIII, 299)

199 — Triomphe de Bacchus, 1528 (B. 19).

Très-belle épreuve elle a de la marge.

200 — Les Enfants Vendangeurs, d'après Raphaël, 1529 (B. 35).

Magnifique épreuve; elle a de la marge.

MAITRE AU MONOGRAMME P. V. H.

201 — Différents Chiens. Suite de huit pièces (B. 1-8).

Anciennes et superbes épreuves.

MANDEL (ÉDOUARD)

202 — La Vierge à la Chaise, d'après Raphaël.

Très-belle épreuve avant la lettre, seulement les noms d'auteurs.

203 — Tête de Christ couronnée d'épines, d'après G. Reni.

Très-belle épreuve avant la lettre, les noms d'artistes tracés.

204 — Charles Ier, roi d'Angleterre. d'après A. van Dyck.

Très-belle épreuve.

MANTEGNA (ANDRÉ)

205 — Hercule étouffant Antée (B. 16).

Superbe épreuve.

206 — Combat de deux Tritons (B. 17).

Très-belle épreuve.

MARC-ANTOINE RAIMONDI

207 — Dieu apparaissant à Isaac, par Marc de Ravenne, d'après Raphaël (B. 7).

Très-belle épreuve.

208 - - La Manne, par A. Vénitien, d'après Raphaël (B. 8).

Magnifique épreuve.

209 — Le Massacre des Innocents, d'après Raphaël (B. 18). Première planche, dite au chicot.

Très-belle épreuve; extrèmement rare.

210 — La Vierge pleurant le corps mort de Jésus-Christ, d'après Raphaël (B. 34). Estampe dite la Vierge au bras nu.

Belle épreuve. Rare.

211 — Jésus-Christ rayonnant de gloire, assis sur des nuages. Pièce connue sous le nom des « Cinq Saints, d'après Raphaël (B. 113).

Très-belle épreuve.

212 — Sainte Cécile, d'après Raphaël (B. 116).

Superbe épreuve.

213 — L'Enlèvement d'Hélène, par Marc de Ravenne, d'après Raphaël (B. 210).

Superbe épreuve; elle a de la marge.

214 — Marche de Silène, par A. Vénitien, d'après Raphaël (B. 240).

Superbe épreuve.

215 — Les Amours de Jupiter et de Sémelé, par Marc de Ravenne, d'après Jules Romain (B. 333).

Superbe épreuve.

MARC-ANTOINE RAIMONDI

216 — Jupiter embrassant l'Amour, d'après Raphaël (B. 382).

Très-belle épreuve.

217 — Cupidon et tes trois Grâces, d'après Raphël)B. 344).

Superbe épreuve.

218 — Le Quos ego, d'après Raphaël (B. 352).

Très-belle épreuve.

219 — Trajan entre la ville de Rome et la Victoire, d'après un bas-relief (B. 364).

Superbe épreuve.

220 — La Foi, d'après Raphaël (B. 387).

Très-belle épreuve.

221 — L'Espérance, d'après Raphaël (B. 391).

Très-belle épreuve.

222 — La Jeune Mère s'entretenant avec deux hommes, d'après Fr. Francia (B. 432).

Fort belle épreuve.

223 — Haireddin Barberousse, par A. Vénitien (B. 520).

Superbe épreuve. Très-rare.

224 — La Façade aux Cariatides, d'après Raphaël (B. 538).

Très-belle épreuve.

225 — L'Autel de Jupiter au premier temple du Capitole, par A Vénitien, d'après Raphaël (B. 535).

Très-belle épreuve.

MARC-ANTOINE RAIMONDI

226 — Saint Christophe, d'après Albert Durer (B. 641).

Très-belle épreuve.

227 — Erasme de Rotterdam, debout, près d'un terme, d'après Holbein. Non décrite.

Très-belle épreuve du 1ᵉʳ état, avant le monogramme de Marc-Antoine en dessous du mascaron.

MASSARD (R.-Urbain)

228 — Henri-Jacques-Guillaume Clarke, duc de Feltre, ministre de la guerre, debout, d'après Fabre.

Très-belle épreuve du 1ᵉʳ état, avant la lettre et avant les armes, seulement les noms d'auteurs.

MASSON (Antoine)

229 — Les Disciples d'Emmaüs, d'après Titien (R. D. 5). Pièce dite la Nappe.

Superbe épreuve du 2ᵉ état, avant le trait échappé au-dessus de l'arbre qui se voit près de la fabrique au hant de la droite.

230 — Cureau de la Chambre (Marin), d'après Mignard (R. D. 24).

Superbe épreuve du 1ᵉʳ état, avant les contretailles sur la joue gauche du personnage.

231 — Harcourt (Henri de Lorraine, comte d'), grand-écuyer de France, d'après Mignard. Pièce connue sous le nom de Cadet à la Perle (R. D. 34).

Très-belle épreuve du premier état avant le chiffre 4, sur la marge du cuivre, vers le haut de la gauche.

MAZZULI (François), dit le Parmesan

232 — Jésus-Christ mis au tombeau. Barsch attribue cette estampe par erreur à Guido Reni; voir Zani VIII, 242.

Très-belle épreuve du premier état, avant les taches de rouille. De la dernière rareté.

MECKEN (Israel de)

233 — La Passion de Jésus-Christ. Suite de douze estampes (B. 20-21)

Superbes épreuves avec une petite marge: très-rares à trouver ensemble de cette beauté et égalité de tirage.

234 — Crucifix (B. 28).

Magnifique épreuve du premier état avant les quatrièmes et cinquièmes tailles sur le fond.

235 — Saint Antoine (B. 86).

Superbe épreuve.

236 — Saint Christophe traversant le fleuve (B. 90).

Magnifique épreuve.

237 — La Chanteuse et le Joueur de guitare (B. 174.)

Superbe épreuve.

238 — Le Joueur d'orgue (B. 175).

Magnifique épreuve.

239 — Rinceau d'Ornements, sur lequel est représenté un combat de sauvages (B. 207).

Superbe épreuve du premier état avant la retouche.

MONTAGNA (Benoît)

240 — Saint Jérôme assis à terre, sous un rocher percé (B. 14).

Epreuve superbe d'une pièce capitale; très-rare.

MORGHEN (Raphael)

241 — La Cène, d'après Léonard de Vinci.

Superbe épreuve avant la virgule.

242 — La Transfiguration, d'après Raphaël.

Très-belle et ancienne épreuve.

243 — Parce Somnum numpere, d'après le Titien.

Très-belle épreuve, lettres ouvertes.

244 — La Vierge avec l'Enfant Jésus, d'après Louis Carrache.

Superbe épreuve d'artiste avant toutes lettres et avant le cadre, tiré sur papier de Chine non collé.

245 — La Madeleine pénitente, d'après Murillo.

Très-belle épreuve.

246 — Portrait de Vittorio Alfieri, assis, d'après Fabre.

Très-belle épreuve avant la lettre, le titre et les noms d'artistes tracés.

247 — Michel-Ange, d'après lui-même.

Très-belle épreuve avant la lettre, le nom du graveur tracé.

248 — Raphaël, d'après lui-même.

Superbe épreuve avant la lettre. Lettres tracées.

249 — Madonna Laura, d'après Simon Memmi.

Très-belle épreuve avant la lettre. Lettres tracées.

MORGHEN (Raphael)

250 — Lodovico Ariosto, d'après Pietro Ermini.

Très-belle épreuve avant toutes lettres.

251 — Giovanni Boccaccio, d'après Vincenzo Gozzini.

Très-belle épreuve avant la lettre ; lettres tracées.

252 — Dante Alighieri, d'après Stefano Tofanelli.

Très-belle épreuve avant toutes lettres ; les noms d'auteurs tracés.

253 — Francisco Petrarca, d'après Stefano Tofanelli.

Très-belle épreuve avant toutes lettres ; les noms d'auteurs tracés.

254 — Torquato Tasso, d'après Pietro Ermini.

Très-belle épreuve avant toutes lettres ; les noms d'auteurs tracés.

MORIN (Jean)

255 — Bourbon Conti (Armand de), d'après Juste (R. D. 47).

Superbe épreuve.

256 — Choiseul du Plessis-Praslin (Gilbert de), évêque de Comminges, d'après Ph. de Champaigne (R. D. 50).

Très-belle épreuve du premier état.

257 — Chrystin (N.), d'après Van Dyck (R. D. 51).

Superbe épreuve.

258 — Louis XI, roi de France (R. D. 3).

Très-belle épreuve.

MORIN (Jean)

259 — Thou (Jacques-Auguste de), président des enquê-
tes du Parlement de Paris, d'après Ferdinand
(R. D. 79).

Superbe épreuve·

MULLER (Jean-Gotthard von)

260 — Louis XVI, debout et revêtu des habits royaux, d'a-
près Duplessis.

Ancienne et très-belle épreuve.

NADAT, dit le Maître à la Ratière

261 — La Vierge et sainte Anne .(B. 1.)

Superbe épreuve du premier état avant l'adresse de Salamanca. Rare.

NANTEUIL (Robert)

262 — Bartillat (Etienne Jeannot de), garde du Trésor
royal (R. D. 32).

Superbe épreuve du premier état.

243 — Beaufort (François de Vendôme, duc de), surnommé le Roi des Halles.

Superbe épreuve.

264 — Bellièvre (Pompone de), premier président au Parlement de Paris (37). Morceau appelé le Pompone. Chef d'œuvre de l'œuvre de Nanteuil.

Très-belle épreuve du second état.

NANTETIL (Robert)

265 — Clermont-Tonnerre (François de), évêque de Noyon (R. D. 68).

Superbe épreuve du premier état; le personnage n'a pas la croix pastorale.

266 — Condé (Louis de Bourbon, onzième du nom, prince de), surnommé Monsieur le prince (R. D. 79).

Très-belle épreuve.

267 — Colbert (Jean-Baptiste), contrôleur général des finances (71).

Superbe épreuve du troisième état avant le changement de l'inscription.

268 — Dunois (Jean-Louis-Charles d'Orléans-Longueville, comte de), 87.

Suberbe épreuve.

269 — Lamoignon (Guillaume de), premier président du Parlement de Paris (119).

Très-belle épreuve du second état.

270 — Le Tellier (Michel). ministre d'Etat (131).

Superbe épreuve.

271 — Le Même personnage (134).

Très-belle épreuve du premier état.

272 — Louis XIV (153).

Très-belle épreuve.

273 — Mallier de Houssay (François), évêque de Troyes (167).

274 Superbe épreuve.

NANTEUIL (Robert)

274 — Mazarin (Jules), cardinal, ministre d'Etat (R. D. 184).

Très-belle épreuve.

275 — Le Même personnage, d'après Mignard (R. D. 186).

Superbe épreuve.

276 — Nesmond (François), évêque de Bayeux (202)

Très-belle épreuve du second état avant les cors de chasse.

277 — Steenberghen (Jean-Baptiste van), conseiller du roi au Conseil de France (R. D. 226).

Superbe épreuve du premier étal.

278 — Louyois (François-Michel Le Tellier, marquis de), ministre et secrétaire d'Etat (App. 6).

Belle épreuve du cinquième étai, avant la lettre B.

NEYTS (Gilles)

279 — La Tour carrée (B. 1).

Magnifique épreuve. Très-rare.

280 — Le Cavalier (B. 6).

Superbe et très-rare épreuve du premier état, inconnu à Bartsch avec le trait carré faible, avant divers travaux et avec l'adresse de Huyssens, qui fut remplacée plus tard par celle de F. van Wyngaerde.

281 — L'Homme et son Chien (B. 8).

Superbe et très-rare épreuve du premier état avant plusieurs travaux, avec le trait carré faible et avec l'adresse de S. Huyssens.

282 — La Tentation de saint Antoine (B. 9).

Très-belle épreuve rare.

NICOLETTO (Rosex), de Modène.

283 — La Punition de la mauvaise langue (B. 37).

Très-belle épreuve d'une estampe d'une grande rareté.

OSTADE (Adrien van)

284. — Paysan avec une petite toque noire (B. 1). Paysanne qui rit (B. 2).

Snperbes et très rares épreuves du premier état, à l'eau forte pure.

285 — Paysan qui rit (B. 4).

Superbe épreuve du second état avant que ie fond noir soit gratté, au trait fin, etc. Très-rare.

286 — Le Fumeur (B. 5).

Très-belle épreuvé du troisième état avant les travaux serrés.

287 — L'Homme et la Femme causant ensemble (B. 12).

Superbe épreuve du troisième état; le trait fin; la tache sur le dos de la femme très visible.

288 — Les Fumeurs (B. 13).

Très-belle épreuve du second état avant le trait carré, etc. Rare.

289 — La Poupée demandée (B. 16).

Très-belle épreuve du second état avant les traits serrés, en haut, à gauche.

290 — Les Harangueurs (B. 19).

Superbe et rare épreuve du troisième état avant les travaux serrés.

291 — Gueux debout, les mains derrière le dos (B. 21).

Très-belle et rare épreuve du premier état avant le trait carré.

OSTADE (Adrien Van)

 292 — Homme et Femme marchant ensemble (B. 24).

> Magnifique épreuve du premier état avant le trait carré, et avant le trait échappé au-dessus de la tête de la femme. Extrêmement rare.

293 — Le Fumeur et le Buveur (B. 24).

> Très-belle épreuve du premier état, à l'eau-forte pure. D'une haute rareté.

294 — La Dévideuse à la porte de sa maison (B. 25).

> Superbe épreuve du troisième état avec la place blanche sous le banc.

295 — Les Pêcheurs (B. 26).

> Superbe épreuve du premier état, au trait fin, et avant les travaux à la pointe sèche sur la maison à gauche. Extrêmement rare..
>
> Nota. Il y a tout lieu de croire que le premier état « avant le nom, » décrit par M. Faucheux sur l'autorité de Weigel et de José, n'existe pas.

296 — Trois Figures grotesques (B. 28).

> Très-belle épreuve du troisième état avant la montagne, à droite.

297 — La Fileuse (B. 31).

> Magnifique épreuve du premier état, au trait fin, avant les tailles diagonales sur le ventre du cochon, etc. Extrêmement rare.

298 — Le Bénédicité (B. 34).

> Superbe épreuve du second état, avec les fortes traces du grattoir autour de la tête du paysan.

299 — L'Epouilleuse (B. 35).

> Très-belle épreuve d'une estampe rare; elle a de la marge.

OSTADE (Adrien Van)

300 — Le Remouleur (B. 36).

Superbe épreuve du premier état, à la bordure fine et avant les travaux à la pointe sèche.

301 — L'Homme conversant avec la Femme (B. 37).

Superbe épreuve du second état, avec le trait fin, et avec la lacune entre la perche et la corde du puits.

302 — Le Charcutier (B. 41).

Très-belle et extrêmement rare épreuve du premier état, à l'eau-forte pure ; elle a une belle marge.

303 — Le Joueur de violon bossu (B. 44).

Superbe épreuve du premier état avant le contour du panier à gauche, etc. Très rare.

304 — Le Violon et le petit vieilleur (B. 45).

Magnifique épreuve du second état, d'une rare beauté, avec les taches obliques sur le chapeau de l'homme devant l'arbre, mais avant tous les travaux postérieurs.

305 — La Famille (B. 46).

Très-belle épreuve du premier état, extrêmement rare, à l'eau-forte pure.

306 — La Fête sous la treille (B. 47).

Superbe et très-rare épreuve du troisième état avant les contre-tailles sur le pignon de la maison, et avant tous les autres travaux postérieurs.

307 — La Danse au cabaret (B. 49).

Très-belle épreuve du quatrième état, avec la bordure fine et avant les travaux serrés. Rare.

PAYNE (Jean)

308 — Don Ferdinand d'Austria, infant d'Espagne, gouverneur des Pays-Bas, d'après A. van Dyck.

Suberbe et très-rare épreuve avant toutes lettres, le titre inscrit à l'encre.

PENCZ (Georges)

309 — Abraham servant les trois Anges à table (B. 2).

Superbe épreuve.

310 — Tobie épouse Sara (B. 18).

Magnifique épreuve.

311 — Salomon adorant les idoles (B. 22). — Salomon jugeant deux mères (B. 23). — Holopherne et Judith à table (B. 24). — Judith et sa servante avec la tête d'Holopherne (B. 25). — Suzanne au bain (B. 26). — Le même sujet (B. 27). — Dalila coupant les cheveux à Samson (B. 28). — Hérodiade portant la tête de saint Jean (B. 29). Huit estampes.

Superbes épreuves.

312 — La Vie de Jésus-Christ (B. 32 à 40, 43, 44, 54). Douze estampes.

Superbes épreuves.

313 — Jésus-Christ à la croix (B. 57).

Très-belle épreuve.

314 — Thomiris (B. 70). — Médée (B. 71).

Superbes épreuves.

PILGRIM (JEAN-MARC)

(B. VII, 889)

+ 315 — Pyrgoteles, Homme nu, debout, tenant un rappor-
teur et une baguette avec un bouclier, où se lit
son nom. Clair obscur. Inconnu à Bartsch, mais
décrite par Pass. III, 32.

Superbe épreuve d'une estampe de la plus haute rareté.

PLATE-MONTAGNE (N. DE)

316 — François Ier, roi de France, d'après Janet (R. D. 23).
Superbe épreuve.

PONTIUS (PAUL)

317 — Marie de Médicis, reine de France, d'après A. van
Dyck.

Superbe épreuve avec l'adresse de M. van den Enden.

318 — Nassau (Jean, comte de), d'après A. van Dyck.
Superbe épreuve avec l'adresse de M. van den Endin.

319 — Miracus (Aubert), doyen de l'église cathédrale d'Anvers, d'après A. van Dyck.

Superbe épreuve du premier état, avec l'adresse de M. van den
Endin.

320 — Rockox (Nicolas), ancien conseiller de la ville d'Anvers, d'après A. van Dyck.

Très-belle épreuve du troisième état avant le millésime 1739,
après le nom du graveur, Il y a cinq postérieurs. Très-rare

PONTIUS (Paul)

321 — Savoye (François-Thomas de), prince de Carignan, d'après A. van Dyck. Un des chefs-d'œuvre du graveur.

Magnifique épreuve du premier état, avec l'adresse de L. Vanderstoch.

POTTER (Paul)

322 — Différents Chevaux. Suite de cinq estampes (B. 9-13).

Magnifiques épreuves de la même égalité de tirage. Extrêmement rares.

323 — Le Vacher (B. 14).

Très-belle épreuve avant l'adresse de F. de Wit.

REMBRANDT VAN RHYN (Paul)

324 — Portrait de Rembrandt, aux cheveux crépus (B. 1). Cl. 1.

Très-belle épreuve.

325 — Portrait de Rembrandt faisant la moue (B. 10). Cl. 10.

Superbe épreuve avec les deux traits traversant le toupillon très apparents.

326 — Portrait de Rembrandt à bonnet et robe fourrés (B. 14). Cl. 14.

Superbe épreuve du premier état. Rare.

327 — Portrait de Rembrandt au bonnet rond et fourré (B. 16). Cl. 16.

Magnifique épreuve du premier état. Rare.

REMBRANDT VAN RHYN (Paul)

328 — Portrait de Rembrandt appuyé (B. 21). Cl. 21. Ce portrait est le plus beau du maître.
Très-belle épreuve.

329 — Portrait de Rembrandt en ovale (B. 23). Cl. 23.
Superbe épreuve avant la retouche, avec belle marge carrée.

330 — Portrait de Rembrandt au bonnet fourré et habit blanc (B. 24). Cl. 24.
Très-belle épreuve.

331 — Portrait de Rembrandt aux cheveux courts et frisés (B. 26). Cl. 26.
Superbe épreuve du premier état avant le nom.

332 — Portrait de Rembrandt avec trois crocs (B. 319). Cl. 28.
Très-belle épreuve du premier état.

333 — Portrait de Rembrandt vu de face et riant (B. 316). Cl. 29.
Très-belle épreuve.

334 — Portrait de Rembrandt aux yeux hagards et coiffé d'un bonnet coupé par le haut (B. 320). Cl. 33.
Belle épreuve.

335 — Abraham qui reçoit les trois Anges (B. 29). Cl. 35.
Superbe épreuve.

336 — Abraham avec son fils Isaac (B. 34). Cl. 39.
Superbe épreuve, avec le trait entourant la planche, irrégulier et raboteux.

REMBRANDT VAN RHYN (Paul)

337 — Le Sacrifice d'Abraham (B. 35). Cl. 36.

Magnifique épreuve.

338 — Quatre sujets pour un livre espagnol : L'Echelle de Jacob, le Combat de David contre Goliath, la Statue de Nabuchodonosor, la Vision d'Ezéchiel (B. 36). Cl. 40.

Magnifiques épreuves du premier état, fortement chargées de barbes, tirées sur papier du Japon.

339 — Joseph racontant ses songes devant sa famille (B. 37). Cl. 41.

Très-belle épreuve du second état, avant les travaux sur le bonnet de la femme couchée et sur la table.

340 — Le Triomphe de Mardochée (B. 40). Cl. 40.

Magnifique épreuve du premier état avant les travaux, en haut, à gauche et avant ceux dans la barbe de Mardochée.

341 — L'Ange qui disparaît devant la familte de Tobie (B. 43). Cl. 47.

Très-belle épreuve du premier état avant les travaux à la pointe sèche, à la gauche d'en bas.

342 — L'Annonciation aux bergers (B. 44). Cl. 46.

Superbe épreuve. Elle a une belle marge.

343 L'Adoration des bergers (B. 46). Cl. 50.

Très-belle épreuve.

344 — La Circoncision (B. 48). Cl. 52.

Très-belle épreuve du premier état avant la retouche sur la tête de Joseph.

REMBRANDT VAN RHYN (Paul)

345 — Présentation au Temple (B. 49). Cl. 53.

Très-belle épreuve du second état avant les travaux, en haut et avant le turban de Joseph.

346 — Présentation au Temple (B. 46). Cl. 54.

Très-belle épreuve d'une estampe extrêmement rare.

347 — Présentation au Temple (B. 51). Cl. 55.

Très-belle épreuve.

348 — Fuite en Égypte (B. 52). Cl. 56.

Très-belle épreuve du premier état avant les travaux additionnels.

349 — Fuite en Égypte (B. 53). Cl. 57.

Très-belle épreuve du premier état avant que les deux jambes de derrière de l'âne aient été écartées.

350 — Fuite en Égypte (B. 54). Cl. 58.

Superbe épreuve du second état. Très-rare. Il y a six états de cette estampe.

351 — Repos en Égypte, effet de nuit (B. 57). Cl. 61.

Superbe épreuve d'une beauté rare.

352 — Repos en Égypte; au trait (B. 58). Cl. 62.

Belle épreuve d'un morceau très-rare.

353 — Retour d'Égypte (B. 60). Cl. 64.

Superbe épreuve tirée de la planche non ébauchée. Très-rare.

354 — La Vierge avec l'Enfant Jésus sur des nuages (B. 61). Cl. 65.

Très-belle épreuve.

REMBRANDT VAN RHYN (PAUL)

355 — Jésus-Christ prêchant, ou la Petite tombe (B. 67). Cl. 71.

Magnifique épreuve tirée avant que les travaux à la pointe sèche aient été ébarbés; l'homme coiffé d'un turban, debout sur le devant, a le bras droit et le vêtement fort poussés au noir.

356 — Le Denier de César (B. 68). Cl. 72,

Très-belle épreuve du premier état; la tête du docteur, assis à droite, moins travaillée. Très-rare.

357 — La même estampe.

Très-belle épreuve du troisième état.

358 — Jésus-Christ chassant les vendeurs du Temple (B. 69). Cl. 73.

Superbe épreuve du premier état

359 — La Samaritaine (B. 71). Cl. 75.

Superbe épreuve du premier état, avec les deux traits fins en haut, et ayant tous les travaux postérieurs. Très-rare de cette beauté.

360 — Petite Résurrection de Lazare (B. 72). Cl. 76.

Très-belle épreuve.

361 — Jésus-Christ guérissant les Malades, dite la pièce de cent florins (B. 74). Cl. 78.

Superbe épreuve avant la retouche de Baillie, d'un ton velouté et avec une bonne marge.

362 — Jésus-Christ présenté au peuple (B. 76). Cl. 80.

Très-belle épreuve du second état de Bartsch, avant que les figures devant le grand socle du milieu aient été effacés et avant le nom de Rembrandt; elle a une petite marge.

REMBRANDT VAN RHYN (Paul)

363 — Ecce Homo (B. 77). Cl. 82.

Superbe épreuve du troisième état; elle a une bonne marge.

364 — Jésus-Christ en croix entre les deux larrons (B. 79). Cl. 84.

Magnifique épreuve, fort chargée de barbes, pu premier état, avant les travaux serrés, vers la droite d'en bas.

365 — La grande Descente de croix (B. 81). Cl. 83.

Magnifique épreuve du premier état avant l'adresse de Henricus Ulenburgensis, et avant tous les travaux postérieurs; elle a une petite marge.

366 — Descente de Croix, au trait (B. 82). Cl. 86.

Très-belle épreuve d'une estampe généralement faible.

367 — Le Transport de Jésus-Christ au tombeau (B. 84). Cl. 88.

Très-belle épreuve.

368 — Jésus-Christ au tombeau (B. 86). Cl. 90.

Magnifique épreuve du premier état à l'eau-forte pure; la porte roi du caveau, entre la Vierge et le disciple vu de dos, toute blanche ; elle est tirée sur papier du Japon. D'une rareté extrême.

369 — La même estampe.

Très-belle épreuve du troisième état, rare, avec les tailles horizontales pour perdre le contour de la voûte, en haut, à droite.

370 — Les petits Disciples d'Emmaüs (B. 88). Cl. 92.

Superbe épreuve du premier état.

371 — Le bon Samaritain (B. 90). Cl. 94.

Très-belle épreuve.

REMBRANDT VAN RHYN (Paul)

372 — Le Retour de l'Enfant prodigue (B. 91). Cl. 95.
Très-belle épreuve.

373 — La Décollation de saint Jean-Baptiste (B. 92).
Cl. 96.
Epreuve du premier état, d'une beauté rare pour cette estampe
toujours faible, et avec des barbes sur les ombres du devant.

374 — Décollation de saint Jean-Baptiste (B. 93).
Très-belle épreuve.

375 — Pierre et Jean à la porte du Temple (B. 94). Cl. 97.
Superbe épreuve du second état; elle est tirée sur papier du
Japon.

376 — La Mort de la Vierge (B. 99). Cl. 102.
Très-belle épreuve du second état.

377 — Saint Jérôme lisant au pied d'un arbre (B. 100).
Bl. 103.
Superbe épreuve.

278 — Saint Jérôme à genoux (B. 101). Cl. 104.
Très-belle épreuve du premier état.

379 — Saint Jérôme écrivant dans un livre (B. 103).
Cl. 106.
Superbe épreuve.

380 — Saint Jérôme dans le goût d'Albert Durer (B. 104).
Cl. 107.
Superbe épreuve.

381 — La Jeunesse surprise par la Mort (B. 109). Cl. 111.
Belle épreuve du premier état.

REMBRANDT VAN RHYN (Paul)

382 — La Fortune contraire (B. 111). Cl. 113.
Très-belle épreuve.

383 — La Médée ou le mariage de Jason et de Creuse
(B. 112). Cl. 114.
Superbe épreuve du troisième état; elle a une belle marge.

384 — L'Etoile des Rois (B. 113). Cl. 115.
Superbe épreuve du premier état avant les travaux sur la
figure de la petite fille, etc.

385 — La grande Chasse aux lions (B. 114). Cl. 116.
Belle épreuve. Rare.

386 — Chasse aux lions (B. 115). Cl. 117.
Très-belle épreuve; elle a une grande marge.

387 — Chasse aux lions (B. 116). Cl. 118.
Très-belle épreuve; elle a une grande marge.

388 — Les Musiciens ambulants (B. 119). Cl. 121.
Très-belle épreuve du premier état.

389 — Le Vendeur de mort-aux-rats (B. 121). Cl. 123.
Très-belle épreuve.

390 — La Faiseuse de Kouks (B. 124). Cl. 126.
Très-belle épreuve du second état avant les tailles verticales
sur le sac attaché à la ceinture de la vieille; elle est tirée sur
papier de Chine, et elle a de la marge.

391 — La Coupeuse d'ongles (B. 127). Cl. supp., p. 105, 3.
Superbe épreuve du premier état, d'une beauté rare; elle a de
marge.

REMBRANDT VAN RHYN (Paul)

392 — Le Maître d'école (B. 128). Cl. 129.
Très-belle épreuve du premier état.

393 — Le Charlatan (B. 129). Cl. 130.
Très-belle épreuve.

394 — Juif à grand bonnet (B. 133). Cl. 133.
Très-belle épreuve.

395 — La Femme aux ognons (B. 134). Cl. 134.
Superbe épreuve d'une estampe extrêmement rare.

396 — Le Joueur de cartes (B. 136). Cl. 136.
Première et très-belle épreuve.

397 — Homme à cheval (B. 139). Cl. 138.
Très-belle épreuve du premier état.

398 — Figure polonaise (B. 140). Cl. 139.
Très-belle épreuve.

399 — Philosophe en méditation (B. 147). Cl. 144.
Estampe gravée d'une pointe légère. Rare.

400 — Vieillard sans barbe (B. 150). Cl. 147.
Superbe épreuve du second état; le manteau ombré seulement
jusqu'au premier pli; elle a une petite marge. Rare.

401 — Le petit Chien endormi (B. 158). Cl. 155,
Très-belle épreuve avec une petite marge. Rare.

402 — Gueux debout (B. 163). Cl. 160.
Superbe épreuve.

REMBRANDT VAN RHYN (Paul)

403 — Deux Mendiants, homme et femme, à côté d'une butte (B. 165). Cl. 162.

Très-belle épreuve avant les tailles verticales sur la poitrine de l'homme. et avant tous les travaux postérieurs.

404 — Paysan déguenillé, les mains derrière le dos (B. 172). Cl. 169.

Superbe épreuve du second état avant la taille diagonale sur la culotte.

405 — Gueux assis au pied d'un mur (B. 173). Cl. 170.

Très-belle épreuve du premier état; elle a de la marge.

406 — Gueux assis sur une motte de terre B. 174). Cl. 171.

Superbe épreuve du premier état avant le nom du maître écrit en toutes lettres.

407 — Gueux à la tête retournée (B. 178). Cl. 175.

Très-belle épreuve.

408 — Le Vieillard endormi (B. 189). Cl. 186.

Très-belle épreuve.

409 — Homme nu, assis B. 193). Cl. 190,

Superbe épreuve.

410 — La Femme devant le poêle (B. 197). Cl. 194.

Superbe épreuve avec la clef du poêle; elle est tirée sur papier de Japon et elle a de la marge.

411 — Femme nue, les pieds dans l'eau (B. 200). Cl. 197.

Très-belle épreuve.

412 — Vénus au bain (B. 201). Cl. 198.

Très-belle épreuve d'une estampe qu'on trouve habituellement faible; elle a de la marge.

REMBRANDT VAN RHYN (Paul)

413 — Antiope et Jupiter en satyre (B. 203). Cl. 200.
Très-belle épreuve du premier état avant l'inscription.

414 — Femme nue, dormant (B. 204). Cl. 201.
Très-belle épreuve du second état avant que la couverture du lit ait été remontée.

415 — Le Pont de Six (B. 208). Cl. 209.
Très-belle épreuve; elle a une petite marge. Rare.

416 — Le Paysage aux trois arbres (B. 212). Cl. 209.
Superbe épreuve. Très-rare.

417 — L'Homme au lait (B. 213). Cl. 210.
Très-belle épreuve. Fort rare.

418 — Le Paysage aux trois chaumières (B. 217). Cl. 214.
Superbe épreuve. Très-rare.

419 — Le Paysage au dessinateur (B. 219). Cl. 216.
Belle épreuve.

420 — Le Berger et sa famille (B. 220). Cl. 217.
Très-belle épreuve. Rare.

421 — Le Canal (B. 221). Cl. 218.
Belle épreuve.

422 — La Grange à foin (B. 224). Cl. 221.
Très-belle épreuve. Rare.

423 — La Chaumière et la Grange à foin (B. 225). Cl. 222.
Belle épreuve.

REMBRANDT VAN RHYN (Paul)

424 — La Chaumière au grand arbre (B. 226). Cl. 223.
Très-belle épreuve.

425 — L'Obélisque (B. 227). Cl. 224.
Superbe épreuve.

426 — La Barque à la voile (B. 228). Cl. 225.
Très-belle épreuve.

427 — La Grotte et le ruisseau (B. 231). Cl. 228.
Très-belle épreuve du second état, avant le travail, au grattoir.

428 — La Chaumière entourée de planches (B. 232). Cl. 229.
Belle épreuve.

429 — Le Moulin de Rembrandt (B. 238). Cl. 230.
Très-belle épreuve; elle a une belle marge.

430 — La Campagne du peseur d'or (B. 234). Cl. 231.
Superbe épreuve; elle a de la marge.

431 — Le Canal avec les cygnes (B. 235). Cl. 232.
Très-belle épreuve; elle a une petite marge.

432 — Le Paysage au bateau (B. 236). Cl. 233.
Très-belle épreuve.

433 — Homme sous une Treille (B. 257). Cl. 254.
Très-belle épreuve.

434 — Vieillard portant la main à son bonnet (B. 259). Cl. 256.
Superbe épreuve du premier état, non décrit, avant quelques travaux sur le bonnet; le dernier trait à gauche descend en ligne droite; dans le second état, le dernier trait est crochu. Très-rare.

REMBRANDT VAN RHYN (Paul)

435 — Homme avec chaîne et croix (B. 261). Cl. 258.

Très-belle épreuve du second état, avant le prolongement des travaux, au bord supérieur de la planche.

436 — Vieillard à grande barbe et bonnet fourré (B. 262). Cl. 259.

Superbe épreuve d'un premier état non décrit, la planche porte 131^{mm}. en largeur, au lieu de 128^{mm}. Très-rare. Elle a une petite marge.

437 — Homme à barbe courte et bonnet fourré (B. 263). Cl. 260.

Très-belle épreuve, elle a une bonne marge.

38 — Portrait de Jean-Antoine Vander Linden (B. 264). Cl. 261.

Très-belle épreuve avant le profil de la balustrade.

439 — Portrait de Janus Silvius B. 266). Cl. 263.

Très-belle épreuve avec les taches d'eau forte sur la joue droite, et avant les travaux serrés sur la frise à gauche ; elle a une bonne marge.

440 — Jeune Homme assis et réfléchissant (B. 268). Cl. 265.

Superbe épreuve du premier état, avec les parties claires dans les mèches des cheveux à droite.

441 — Portrait de Menassé ben Israël (B. 269). Cl. 266.

Très-belle épreuve du premier état, non décrit, avant les tailles verticales sur les ombres du chapeau ; elle a une belle marge

442 — Portrait de Faustus (B. 270). Cl. 269.

Magnifique épreuve du premier état, avant le travail à la pointe sèche sur l'épaule droite du personnage, très-veloutée et fort chargée de barbes. Fort rare de cette beauté. Elle a une petite marge.

REMBRANDT VAN RHYN (Paul)

443 — Portrait de Renier Ansloo (B. 271). Cl. 268.

Superbe épreuve tirée sur papier du Japon, elle a une belle marge.

444 — Portrait de Clément de Jonghe (B. 272). Cl. 269.

Superbe épreuve du premier état, avant divers travaux, et avant que la planche ait été cintrée par le haut.

445 — Le même portrait.

Superbe épreuve du troisième état, qui est le plus brillant; et le premier de la planche cintrée.

446 — Portrait d'Abraham France (B. 273). Cl. 270.

Magnifique épreuve du second état, avant que l'estampe que le personnage tient à la main ait été couverte par des travaux elle est tirée sur papier du Japon. D'une haute rareté.

447 — Portrait de Haaring, le jeune (B. 275). Cl. 272.

Superbe épreuve de la grande planche.

448 — Portrait de Jean Lutma (B. 276). Cl. 273.

Très belle épreuve du second état, non décrit, avant les tailles diagonales sur le droite d'en haut.

449 — Portrait du docteur Ephraim Bonus, dit le Juif à la rampe (B. 278). Cl. 275.

Superbe épreuve, elle a une bonne marge.

450 — Portrait de Utenbogardus (B. 279). Cl. 376.

Superbe épreuve tirée avant que les angles de la planche aien été supprimés. Elle a une petite marge. Très-rare.

451 — Portrait de Jean Silvius (B. 280). Cl. 277.

Très-belle épreuve.

REMBRANDT VAN RHYN (Paul)

452 — Portrait d'Utenbogaerd, connu sous le nom du Peseur d'or (B. 281). Cl. 278.

Très-belle épreuve sur papier du Japon. Elle a une belle marge.

453 — Le petit Coppenol (B. 282). Cl. 279.

Superbe épreuve. Rare.

454 — Le grand Coppenol (B. 283). Cl. 280.

Superbe épreuve tirée de la grande planche.

455 — Le Bourgmestre Six (B. 285). Cl. 282.

Très-belle épreuve du troisième état; elle a une petite marge.

456 — Portrait de Jacques Cats (B. 286). Cl. 283.

Superbe épreuve; elle a une grande marge.

457 — Homme en cheveux (B. 289). Cl. 286.

Très-belle épreuve.

458 — Tête d'Homme chauve (B. 294). Cl. 291.

Très-belle épreuve.

459 — Esclave à haut bonnet (B. 302). Cl. 298.

Superbe épreuve du premier état. Rare.

460 — Homme avec chapeau à grands bords (B. 311). Cl. 307.

Très-belle épreuve.

461 — La grande Mariée juive (B. 340). Cl. 330.

Très-belle épreuve, elle a une petite marge.

REMBRANDT VAN .RHŸN (Paul)

462 — La petite Mariée juive, ou sainte Catherine (B. 352).
Cl. 332.

Superbe épreuve, tirée sur papier de Chine. Très-rare de cette beauté.

463 — Vieille dormant (B. 350). Cl. 340.

Superbe épreuve d'une estampe rare; elle a une petite marge.

464. — Vieille bien caractérisée, regardant en bas (B. 351).
Cl. 345.

Très-belle épreuve

465 — Vieille avec voile noir (B. 352). Cl. 345.

Superbe épreuve du second état, très-rare avant les grosses ombres sur le voile

466. — Griffonnement où se voit la tête de Rembrandt
(B. 363). Cl. 353.

Très-belle épreuve de la planche entière.

467 — Feuille avec six têtes, au milieu desquelles est le
portrait de la femme Rembrandt (B. 365). Cl. 355.

Superbe épreuve.

468 — Trois Têtes de Femmes, dont une qui dort (B. 368).
Cl. 358.

Superbe épreuve du premier état. Très-rare.

469 — Griffonnements gravés dans divers sens sur la
planche (B. 369). Cl. 359.

Superbe épreuve. Fort rare.

RENESSE (L.-G.)

470 — Kermesse avec Charlatans (B. 18). Cl. 24.

Charmant morceau et très-rare. Superbe épreuve du premier état, fort chargée de barbes.

RENI (Guido)

471 — Tableaux pour les funérailles d'Augustin Carrache (B. 54-60). Avec le titre gravé par Fr. Brigis. Huit estampes.

Très-belles épreuves de cette suite rare, elles ont de grandes marges.

RIBERA (Josepa), dit l'Espagnolet

472 — Le Poëte, ou Dante méditant (B. 10).

Superbe épreuve.

473 — Silène (B. 13).

Superbe et très-rare épreuves du premier état, avant la dédicace à Joseph Balsamo.

ROOS (Jean-Henri)

474 — La Bergère (B. 31).

Superbe et très-rare épreuve du premier état, avant le trait échappé près de la croisée en haut de la ruine, à droite.

RUBENS (Pierre-Paul)

475 — Sainte Catherine.

Superbe épreuve.

476 — Portrait du frère de Rubens.

Superbe épreuve.

RUYSDAEL (Jacques)

477 — Le Petit-Pont (B. 1).
Ancienne et superbe épreuve; elle a une petite marge.

478 — La Chaumière au sommet de la colline (B. 3).
Ancienne et superbe épreuve.

SAFT-LEVEN (Henri)

479 — Le Bois (B. 27).
Superbe morceau, épreuve d'un premier état non décrit, à l'eau forte pure; avant les tailles horizontales sur la colline où se trouvent les deux hommes et ayant beaucoup d'attention dans le feuillage et les branches d'en haut; d'un effet très-piquant et totalemenc différent de celui du second état, dont les travaux sont indiqués à la sanguine, par le maître sur l'estampe. Barlsih parle bien d'un premier état faiblement gravé, mais notre épreuve au contraire, est très-vigoureuse. — Probablement unique.

480 — Le Porcher (B. 30).
Très-belle épreuve d'une pièce capitale et très rare.

481 — Vue de Nieuwenrode (B. 34).
Superbe épreuve du premier état, avant les armoiries. D'une haute rareté.

482 — Les Eléphans (B. 33).
Superbe épreuve d'une pièce très-rare.

483 — La Femme trayant la vache (B. 34).
Superbe et rare épreuve du premier état.

SCHALKEN (Godefroi)

484 — Le Portrait de Mattheus van den Brouch, amiral hollandais.
Magnifique épreuve avant divers travaux et avant les vers dans la marge du bas, qui sont inscrits à l'encre; elle a une belle marge. D'une haute rareté.

SCHONGAEUR (Martin)

485 — La Vierge recevant l'Annonciation (B. 2).
Très-belle épreuve

486 — La Nativité (B. 5).
Superbe épreuve.

487 — L'Adoration des rois (B. 6).
Très-belle épreuve.

488 — La Fuite en Egypte (B. 7).
Très-belle épreuve.

489 — La Prise de Jésus-Christ (B. 10).
Superbe épreuve.

490 — Le Crucifiement (B. 17).
Très-belle épreuve.

491 — Le Portement de croix (B. 21).
Très-belle épreuve d'une pièce capitale.

492 — La Vierge debout (B. 28).
Superbe épreuve.

493 — Saint Antoine tourmenté par les démons (B. 47).
Belle épreuve du premier état.

494 — Sainte Agnès (B. 62).
Superbe épreuve.

495 — Les Symboles des quatre évangéliste. Suite de
quatre estampes de forme ronde (B. 73-76).
Épreuves magnifiques, suite fort rare à rencontrer.

SCHONGARUE (Martin)

496 — Jésus-Christ au milieu de six anges (B. App. 6).

Magnifique épreuve du premier état, avant le monogramme du maître et avant divers travaux. D'une haute rareté.

SNYERS (Henri)

497 — Vierge assise sur le haut d'un degré qu'environnent plusieurs saints et saintes, d'après Rubens (Basan, Vierges, 61).

Superbe épreuve du premier état, fort rare, avant les troisièmes et quatrièmes tailles ajoutées.

SOLIS (Virgile)

498 — Les sept Arts libéraux. Suite de sept estampes (B. 190-96).

Superbes épreuves, avec belles marges.

499 — Un Bain rempli d'hommes et de femmes. Pièce connue sous le nom de la Société des Anabaptistes, d'après H. Aldegrever (B. 265).

Très-belle épreuve.

500 — Douze cantons de la Suisse. Beaux costumes (B. 284-86, 88-95, 97)

Très-belles épreuves.

STALBURCH

501 — Femme calmant la colère d'un homme, 1556 (B. 11, 477, 2).

Très-belle épreuve d'une estampe rare.

VAN STAR (Thierry)

502 — Jésus-Crist appelant à lui saint Pierre et saint André, 1523 (B. 3).

Superbe épreuve; elle a une bonne marge.

STIMMER (Tobie)

503 — Femme tenant une lance brisée d'une main et de
l'autre les Tables de la loi (B. 6). Clair-obscur
de quatre planches.

Superbe épreuve. Fort rare.

STOOP (Thierry)

504 — Voyage de Catherine, infante de Portugal, pour
son mariage avec Charles II, roi de la Grande-
Bretagne. Cinq estampes.

1 Entrée de lord Mountagne dans Lisbonne,
le 28 mars 1662.

2 Marche solennelle de la Reine, dans la ville
de Lisbonne, lors de son départ, le 20 avril
1662.

3 Embarquement de la Reine à Lisbonne.

4 Jacques, duc d'Yorck, amiral d'Angleterre,
joignant avec sa flotte celle qui conduit la
nouvelle reine.

5 Débarquement à Porsmouth.

Inconnus à Bartsch (W. 13-17).

Magnifiques épreuves. Extrêmement rares. Elles ont de belles
marges.

STOOP (THIERRY)

505 — Vues de Lisbonne : Vista do Covento da Madre de Deus. — Touros reays nos festas do Cosamento da raynha da gran Bretanha. — Torre e entrada da Barra de Bellem. Inconnues à Bartsch (W. 22, 24, 26).

Superbes épreuves. Extrêmement rares.

506 — Cromwell comme danseur de corde. Inconnu à B. (W. 54).

Morceau de la dernière rareté. Superbe épreuve; le texte explicatif, en langue hollandaise, qui fut imprimé dans le temps, en caractères mobiles, y a été joint.

507 — Homme donnant à manger à une meute de chiens. Inconnu à Bartsch et à Weigel. L. 210 mm. H. 151 mm.

Morceau spirituel qui autrefois faisait partie de la célèbre collection de M. le baron Verstolk. Probablement unique.

STEINLA (MAURICE)

508 — Le Massacre des Innocents, d'après Raphaël.

Très-belle épreuve avant toutes lettres, seulement les noms d'auteurs, sur papier de Chine.

STEINMULLER (JOSEPH)

509 — La Vierge au milieu de deux saintes, d'après P. Pérugin.

Très-belle épreuve avant la lettre, seulement les noms d'auteurs.

510 — La Vierge assise dans une campagne, accompagnée de l'Enfant Jésus et du petit saint Jean, dite la Vierge dans la Prairie, d'après Raphaël.

Très-belle épreuve avant toutes lettres.

STUBER (WOLFGANG)

511 — Jésus-Christ et les Apôtres, 1588. Suite de treize estampes. Inconnues à Bartsch (Pass. 8).

Très-belles épreuves de premier état, avant les numéros; elles ont de belles marges.

THOMAS (JEAN)

512 — Pastorale où un berger et une bergère se tiennen par la main. Pièce en hauteur.

Superbe épreuve du premier état, avant toutes les lettres. Rare.

513 — Pastorale de six personnages. Pièce gracieuse en largeur.

Superbe épreuve d'un morceau trés-rare.

VINIKEBOOMS (DAVID)

514 — Le Garçon qui déniche un nid d'oiseaux, 1606.

Superbe épreuve d'une pièce capitale et fort rare.

VISSCHER (CORNEILLE)

515 — Charles-Gustave, roi de Suède, et la Reine, dans leur appartement nuptial (Smith 40).

Superbe épreuve du premier état, avant que les chandelles du lustre aient été allumées. Très-rare.

516 — Le Couronnement de Hedwige, reine de Suède (S. 41).

Superbe épreuve du second état, avant que le mot Itemque ait été ajouté et avant divers travaux. Très-rare.

517 — La Bohémienne (S. 44).

Superbe épreuve avec l'adresse de Clément de Jonghe.

VISSCHER (CORNEILLE)

518 — Lieven van Coppenol (S. 93).

Superbe épreuve avant la lettre.

VLIEGER (SIMON DE)

519 — Le Bois près du canal (B. 6).

Superbe épreuve.

520 — L'Auberge. — Le Bourg. — Les Pêcheurs (B. 8-10).

Trois estampes en pendant.

Très-belles épreuves, les bords de la planche sont sales. Elles ont de la marge. Très-rares de cette égalité de tirage et de conservation.

VLIET (VAN)

521 — Loth et ses filles, d'après Rembrandt (B. 1).

Superbe épreuve du premier état, avant l'adresse de Clément de Jonghe.

522 — Les Débauchés (B. 16).

Magnifique épreuve du premier état, avant l'adresse de Peyenaars. Fort rare.

VORSTERMAN (LUCAS)

523 — Nicolas Rockox, assis, d'après A. van Dyck.

Superbe épreuve avant la lettre dans la marge, avant les médailles, et avant divers travaux. Fort rare.

524 — Vadislas IV, roi de Pologne, 1634. Buste dans une bordure allégorique; en bas, un épisode historique de son règne, d'après P. Soutman.

Magnifique épreuve d'un chef-d'œuvre du graveur et d'une haute rareté.

WATERLOO (Antoine)

525 — Le Rocher percé. — L'Hermitage. — La petite Cascade. — Le petit Pont de bois. Suite de quatre estampes (B. 3-6).

Très-belles épreuves du premier état, avant les numéros et avant divers travaux.

526 — Suite de douze paysages (B. 21-32).

Superbes épreuves du premier état, avec l'adresse du maître, avant le nom sur la neuvième pièce, et avant plusieurs travaux. D'une même égalité et beauté de tirages et avec une petite marge.

527 — Suite de six paysages (B. 53-58).

Superbes épreuves du premier état, de la même égalité de tirage et avant divers travaux.

528 — Suite de six paysages (B. 59-64).

Très-belles épreuves du premier état, avant l'adresse d'Ottens, avant plusieurs travaux, et avec la lettre sur la cinquième pièce,

529 — La double Cascade. — La triple Cascade. — Le Rocher stérile. — Le Pays désert, couvert de rochers. — La grande Chûte d'eau. — Les deux Chaumières. Suite de six estampes (B. 74-76).

Superbes épreuves, de la même égalité de tirage, d'une suite fort rare.

530 — Le Chasseur aux canards (B. 84).

Superbe épreuve à l'eau forte pure. Extrêmement rare.

531 — Les deux Chemins au ruisseau. — Vue de la ville de Rheenen. — Le Village au bord du canal. — le Village sur la colline. — Le Village dans la vallée. Suite de six estampes (B. 89-98).

Magnifiques épreuves du premier état, avant divers travaux, fort chargés de barbes.

WATERLOO (Antoine)

532 — Le Voyageur en repos dans la forêt (B. 111).
Superbe épreuve à l'eau forte pure. Rare.

533 — L'Entrée dans la forêt par le petit pont de bois (B. 107).
Superbe épreuve à l'eau forte pure. Extrêmement rare.

534 — Le Moulin (B. 119).
Magnifique épreuve à l'eau forte pure. Extrêmement rare.

535 — Le petit Pont traversant le ruisseau (B. 124). Autre épreuve de la même estampe.
Très-belle épreuve à l'eau-forte pure. Très-rare.

536 — Alphée et Aréthuse. — Apollon et Daphné. — Mercure et Argus. — Pan et Syrinx. — Vénus et Adonis. — Mort d'Adonis. Suite de six estampes (B. 125-30).
Superbes épreuves du premier état, avant divers travaux, et de la même égalité de tirage. Très-rares de cette beauté.

537 — Le départ d'Agar. — Agar consolée par l'ange. — Le Prophète de Lude. — Le jeune Tobie et l'ange. — Séphora circoncisant son fils. — Elie dans désert. Suite de six estampes (B. 131-36).
Magnifiques épreuves de ces chefs-d'œuvre du maître. C'est la suite la plus rare du maître à trouver, également belle ; le n° 133 étant presque toujours faible.

WEENIX (Jean-Baptiste)

538 — Le Taureau (B. 1).
Très-belle épreuve, d'une rareté extrême.

WIERX (Jean et Jérome)

539 — Portrait d'un capitaine inconnu. En haut, à gauche, on voit un chiffre composé des lettres
P.H.E.L. D.O.N.A. C'est peut-être Fabien, comte
de Dohna, général au service des Pays-Bas. La
marge d'en bas est en blanc.

Très-belle épreuve.

540 — Jean-Baptiste Houwaert, poëte anversois, tenant à
main la médaille de la ligue des Gueux.

Superbe épreuve avant toutes lettres. Très-rare.

541 — Louis, roi de Hongrie.

Superbe épreuve. Rare.

542 — Alvarus Nonino, médecin, 1586.

Très-belle épreuve

543 — Jean Stradan, peintre, dans un médaillon ornementé.

Très-belle épreuve.

WILLE (Jean-Georges)

544 — Le Maréchal-des-Logis, d'après P.-A. Wille (Le
Blanc 18).

Snperbe épreuve du premier état, avant la lettre, la bordure
et les armes.

545 — Les Offres réciproques, d'après Dietricy (53).

Très-belle épreuve avant l'accent sur l'a, dans dédié à.

WILLE (JEAN-GEORGES)

546 — Pierre-Louis Moreau de Maupertuis, d'après R. Tournière.

Très-belle épreuve avant toutes lettres, l'inscription ajoutée à l'encre.

547 — Saint Florentin (Louis Phélipeaux, comte de), d'après Tocqué.

Superbe épreuve du deuxième état; dite ainsi aux maillets blancs.

WOOLLET (WILLIAM)

548 — The Jocund Peasants (les Paysans joyeux. — The Cottagers (les Fermiers), d'après C. Dusart. Deux estampes.

Superbes épreuves avant la lettre; seulement les noms d'auteurs tracés.

ZAGEL ou ZASINGER (MARTIN)

549 — Le Martyre de saint Sébastien (B. 4).
Superbe épreuve avec une belle marge.

450 — La Décollation de sainte Catherine (B. 8).
Très-belle épreuve.

ZEEMAN (REINIER)

551 — Les deux Blockhuisen sur l'Amstel (B. 3).
Superbe épreuve. Extrèmement rare

552 — Diverses Marines, Vues et Paysages. Inconnus à Bartsch (W. 155-58, 60, 62, 63, 66). Huit estampes.

Très-belles épreuves, avec l'adresse de Drevet; les numéros 59, 61, 65, 65, qui manquent pour compléter la suite, ne paraissent avoir été exécutés que par une main étrangère, d'après les dessins de Zeeman. Elles ont de belles marges. Très-rare.

ZEEMAN (Reinier)

553 — Trois petites Marines. Inconnues à Bartsch (W. 172-74.

Superbes épreuves. Extrêmement rares.

554 — Marine où se voit un grand Bateau au pavillon hollandais, faisant voile vers la gauche, et cinq plus petits de différentes grandeur. Non décrite. L. 197 mm. H. 118 mm.

Magnifique épreuve avant toutes lettres et avant les nuages. Probablement unique.

LIVRES A FIGURES

555. Vasari. Vies des Peintres. *Bologne*, 1681 ; 3 vol. in-4, vel., fig. sur bois.

556. Vasari. La Vie des Peintres. *Bologne*, 1663; 3 vol. in-4, veau, fig. sur bois.

557. Fêtes célébrées à Parme à l'occasion du mariage de Ferdinand de Bourbon et de l'archiduchesse Marie-Amélie l'année 1769 ; 1 vol. in-fol., veau. Figures.

558. La Galerie du palais du Luxembourg, peinte par Rubens, dédié au Roi. *Paris, Duchange*, 1710; 1 vol. in-fol., veau, avant les numéros.

558 bis. Le même ouvrage cartonné. Exemplaire d'une rare beauté avant les numéros. Les épreuves ont toutes leurs marges.

559. Recueil d'Estampes gravées d'après des peintures antiques, par Desnoyers, *Paris, Firmin Didot*, 1821 ; 1 vol. in-fol., d.-rel. veau.

560. Le même ouvrage. Exemplaire avant la lettre. Deux pièces manquent pour que l'ouvrage soit complét.

561. Le Sacre de Louis XV, roi de France et de Navare, dans l'église de Reims, le dimanche, 25 octobre 1722; 1 vol. in-fol., veau, très-rare exemplaire avant la lettre; les inscriptions sont manuscrites.

562. Représentation des fêtes données par la ville de Strasbourg pour la convalescence du roi. 1 vol. in-fol., broché.

563. La pompeuse et magnifique cérémonie du sacre du roi Louis XIV. Fait à Rheims, le 7 juin 1654. *Paris*, 1655. 1 vol. in-fol., veau, avec les trois gravures par Le Paultre. Rare avec le texte.

564. Entrée de Marie de Médicis à Amsterdam; Amsterdam Jean et Corneille Blaev. 1 vol. in-fol. vélin. Très-rare exemplaire avec le texte en français. Le portrait de la reine est avant la lettre.

565. Le même ouvrage avec le texte en hollandais.

566. Ghiberti. Porte du Baptistère de Florence. Figures gravées au trait sous la direction de Blanchard; 1 vol. in-fol., cartonné.

567. Ghiberti. Porte du Baptistère de Florence, gravé par Ferdinand Gregori. 1 vol. in-fol., d.-rel. veau.

568. Ghiberti. La porte du Baptistère de Florence, gravé par G. Calendi, sous la direction de Morghen. 1 vol. in-fol., cartonné.

569. Galeria dipinta nel Pallazzo del principe Panfilio da Pietro Berattini da Cortona intagliata da Carlo Cesio. 1 vol. in-fol. oblong cartonné.

570. Les peintures de C. de Cortone au palais de Médicis. 1 vol. in-fol. oblong, d.-rel.

571. Le Sacre de Napoléon, d'après Isabey, Percier e Fontaine. 1 vol. in-fol., d.-rel., mar. rouge, avec coins. Ex. avant la lettre.

572. Galerie du Musée Napoléon, publiée par Filhol, graveur, dédiée à S. M. l'Empereur Napoléon Ier. *Paris*, 1804-1815; 11 vol. in-8, cart., non rogné. Superbe exemplaire avant la lettre. (Lettres grises.) Le onzième vol., publié en 1827, est en livraisons et avec la lettre.

573. Le même ouvrage. Très-bel exemplaire avec la lettre. 11 vol. in-8, veau, non rognés. (Le onzième vol. est en livraisons.)

574. Clarac (le comte de). Musée de sculpture antique e moderne, ou description de ce que le Louvre, le Musée royal des Antiques et les Tuileries renferment en statues, bustes, bas-reliefs, inscriptions, etc. *Paris, Victor Texier*, 1826-1853; 6 vol. de texte in-8 et 6 vol. de planches in-4 oblong broché, non rogné.

575. Les Batailles d'Alexandre, d'après Le Brun, suite des cinq estampes par G. Audran et G. Edelinck; plus le plafond de la Chapelle de Sceaux. 1 vol. grand in-fol., maroquin rouge, aux armes de France. Ancienne rellure.

576. Reynst. Recueil contenant 33 pièces gravées par Van Dalen, Falck et Visscher, d'après les différentes peintures du cabinet Reynst. Dans cet ouvrage se trouvent les quatre portraits de Boccace, Georgion, Arétin et Sébastien del Piombo. Ces portraits, ainsi que les autres pièces, sont tous du 1er état, avant toutes lettres et avec de belles marges.

577. Le deuxième vol. des portraits des personnages français illustres du XVIe siècle, par P.-G.-J. Niel. 1 vol. in-fol., cartonné.

578. Dessins des meilleurs peintres, gravés par J. T. Prestel, à Nuremberg, en 1782. 1 vol. in-fol., d.-rel.

579. Exercice de l'infanterie française, dessiné d'après nature et gravé par S. R. Baudoin, 1757. 1 vol. in-fol., mar. rouge.

580. Tableaux, Statues, Bas-Reliefs et Camées de la galerie de Florence et du palais Pitti. *Paris, Masquelier,* an XII (1804); 4 tom. reliés en 2 vol. in-fol., d.-mar. rouge.

581. Galerie des peintres flamands, hollandais et allemands. par. M. Lebrun, peintre. *Paris*, et *Amsterdam*, 1792; 3 tomes en 2 vol. in-fol. cartonnés. Exemplaire non rogné.

582. Les Hommes illustres qui ont paru en France pendant ce siècle, par Perrault, de l'Académie Française. *Paris*, Antoine Dézailles, 1696; 1 vol. in-fol., mar. rouge, aux armes. Exemplaire superbe.

583. Pompe funèbre de Guillaume-Charles-Henri-François, prince d'Orange et de Nassau. Figures par P. Van Cuyk. 1 vol. in-fol. velin.

584. A collection of prints, after the Sketchs and Dra-
wings of the Late celebrated Giovanni Battista Cipriani,
gravés par R..Earlom. 1 vol. in-fol., d.-rel., veau.

585. Description du grand escalier des Ambassadeurs, à
Versailles, peint par Ch. Le Brun. *Paris, Surugue*; 1 vol.
in-fol., veau.

586. Les hommes illustres qui ont vécu en Hollande, suite
de 131 portraits gravés par C. Galle, P. de Jode, Pontuis,
Waumans, etc., d'après Van Hulle. *Rotterdam, P. Vander Slaart*, 1597 : 1 vol. in-fol., veau.

587. Fac-simile des dessins de Raphaël de la galerie de
sir Thomas Lawrence, président de la royale Académie.
Londres, 1841 ; 1 vol. in-fol. cart.

588. Recueil de fac-simile des dessins originaux du Par-
mesan, qui se trouvent dans le cabinet du comte A. San-
vitale. *Parma*, 1772 ; 1 vol. in-fol., d.-rel.

589. Choix de dessins de Raphaël qui font partie de la
collection Wicar à Lille, reproduits en fac-simile par
MM. Wacquez et Leroy. *Paris, Rapilly*, 1868. Exemplaire
en portefeuille.

590. Chronique de Nuremberg, publiée en 1493; 1 vol.
in-fol. vélin, exemplaire de la première édition. Très-bel
exemplaire.

591. Houbraken. Les Personnages illustres de la Grande-
Bretagne. *London, John Knapton*, 1756. 1 vol. in-fol.,
cuir de Russie. Cent huit portraits. Superbes épreuves.

592. Galerie de Vienne. Prodromus seu præambulare lu-
men reserati portentosæ magnificentiæ theatri, etc.
de Stamport et A. de Brenner. *Viennæ Austriæ*, 1735;
in-fol., vélin (*rare*.)

593. Les seize Nielles du lustre de la cathédrale d'Aix-la-
Chapelle (exécutés vers 1165.)

594. OEuvre de Jean Goujon, gravé au trait d'après ses
statues et ses bas-reliefs, par M. Reveil; 1844, 1 vol.
in-4, d.-rel., veau.

595. Ursprung und herkumen der zwolf ersten Konig und fürsten deutscher nation, wie und zu welchen zeyten yryeder Regiert hati Gedr in Nürnberg durch Hans Goldenmudt den Eltern, 1543; 1 vol. in-fol., avec les douze portraits gravés sur bois. par P. Flœtner. B. T. IX, P. 162, ne connait que la première feuille de cette suite. Très-rare.

596. Wapen Dess Heiligen Romischen Reichs Teutscher Nation... *Francfort, am Main*, 1579; 1 vol. in-fol., m. rouge, filet, tranches dorées, contenant 144 pièces gravées sur bois, représentant des armoiries et des soldats avec des drapeaux, par J. Aman, et le monogrammiste J. K. (Jac Kobel.) Bartsch, t. IX, p. 157. Rare.

597. Le plus ancien code criminel imprimé. Sur la première feuille, une pièce gravée sur bois, de Durer, représentant saint Sebald et saint Laurent, avec les trois écus d'armes de Nuremberg, sous une arcade gothique; 1 vol. in-fol., cart. (Brunet n'a pas connu ce code). Très-rare.

598. De Marcenay. Son œuvre en 1 vol. in-fol., d.-rel. vél.

599. Etudes anatomiques du Titien, dédiées à Leurs Illustricimes signor Francesco Ghesilieri, sénateur de Bologne. 1 vol. in-fol., cartonné.

600. Durer. L'Apocalypse de Saint Jean. Suite de 15 estampes (B. 70-75) épreuves de la seconde édition, avec le texte latin. 1 vol. in-fol., cartonné.

601. Recueil des figures, groupes, thermes, fontaines, vases et autres ornements qui sont au château de Versailles, par Thomassin. 1 vol. in-8, v.

602. Recueil d'estampes, d'après les tableaux des peintres les plus célèbres d'Italie, des Pays-Bas et de France, qui sont à Aix dans le cabinet de M. Boyer-d'Aguelles. *Paris*, *P.-J. Mariette*, 1744. 1 vol. in-fol. v. Très-belles épreuves avant les numéros.

603. Galerie lithographiée de son Altesse Royale Monseigneur le duc d'Orléans; publiée par J. Vatout et J.-P Quénot. 2 vol. in-fol.. d.-rel., mar. rouge.

604. Iconographie des contemporains, depuis 1789. Publié par Delpech. *Paris*, 1832. 2 vol. in-fol., d.-rel.

6.5. Galerie des femmes fortes, par le Père Pierre le Moyne. *Paris*, 1647; 1 vol. in-fol. v.

606. Chapron. Les Loges de Raphaël, au Vatican. Suite de 52 pièces en 1 vol. in-fol. oblong, rel. v. Superbe exemplaire du premier état, avant l'adresse de P. Mariette sur la première feuille.

607. Le même ouvrage, même état que le précédent.

609. Se Alcum crede inventar, certo si Sboglia; ma purchi studia, non invau travaglia. 1 vol in-fol. oblong br.

610. Mascarade turque, donnée à Rome par messieurs les pensionnaires de l'Académie de France et leurs amis au carnaval de l'année 1748; 1 vol. in-4, broché. Figures par J. Vien.

611. Flaxman, figures pour la divine Comédie du Dante; 1 vol. in-4 oblong, v.

612. Willemin. Monuments français inédits, pour servir à l'histoire des arts, depuis le vi^e siècle jusqu'au commencement du xviie, avec texte historique et descriptif, par André Pottier., *Paris, Mlle Willemain*; 1839; 2 vol, in-fol., d.-rel.

613. The Passion of our saviour Jesus-Christ, painted by Duccio Buoninsegna for the cathedrale of Sienna. 1 vol. in-fol. oblong broché. Figures au trait.

614. Le même ouvrage.

615. Figures de différents caractères, de paysages et d'études, dessinées d'après nature, par Antoine Watteau. Premier vol. en portefeuille.

616. Devises et emblesmes d'amour moralisez, gravés à Paris par A. Flamen, Étienne Loyson, 1672; 1 vol. in-12, v.

617. Swanvaelt. Son œuvre en 57 pièces renfermées dans un volume in-fol. oblong, cartonné.

618. Norblin. Son œuvre en 77 pièces contenues dans un vol. in-fol. cart.

619. Recueil contenant 45 planches gravées par Cl. de la Ruelle, pour la pompe funèbre de Charles III, duc de Lorraine.

620. Entrée triomphale de Ferdinand d'Autriche, infant d'Espagne, à *Anvers*. 1 vol. in-fol. v., figures d'après Rubens.

621. Recueil contenant 41 pièces du cabinet Choiseul. 1 vol. in-4, cart.

622. Recueil de seize planches gravées par A. Bartsch, d'après des estampes rarés pour illustrer son ouvrage.

623. Ecole de cavalerie, par M. de la Guéronnière écuyer du roi. *Paris*, 1769 ; 2 vol in-8, v., fig.

624. Raccolta di varij Balli festiui occorenze di Nozze, e festini, par F. Carosa. *Roma*, 1630 ; 1 vol. in-4, d.-rel. vélin.

625. Vertoogh van de Kryghs-œffeninge soo int particulier Musquet en spies. Johan Boxel (1673) ; 1 vol. in-4, véliu, figures. Ouvrage curieux pour l'exercice du mousquet avec les figures dans le goût de de Ghein.

626. Galatée, roman pastoral ; imité de Cervantes, par M. de Florian. *Paris, Maisonneuve*, 1793 ; 1 vol. in-4, v. Figures imprimées en couleur.

627. Les Plaisirs de l'isle enchantée, course de bague, etc. Fêtes données à Versailles le VII mai 1664. *Paris*, 1673. 1 vol. in-fol., d.-rel., mar. rouge. Figures de J. Silvestre.

628. Il secondo libro delle cancellaresche corsive, e diverse manière di Lettere di Francesco Prericcioli. 1 vol. in-4 oblong vélin. Livre d'écriture entouré d'ornements du xviie siècle.

629. Verschyde Schoorsteen mantels Nieulykx Geinventeert door M. Bullet, architecte du roi; 1 vol. in-fol., d.-rel., renfermant 38 planches de meubles, cheminées, etc.

630. Omnium regum francornm a Pharamum do usque ad Carolum Nonum uctæbruiter complexæ, atque certis épigrammatis illustratæ, etc.; 1 vol. in-fol., cart. Figures en bois. Bâle, 1574.

631. Les proportions du corps humain, par Albert Durer. *Venetia*, 1591; 1 vol. in-fol., vélin.

632. Les Hallebardiers, suite de douze estampes, d'après Goltzius, gravées par J. de Gheyn. 1 vol. in-fol., br.

633. Livre de portraiture recueilli des œuvres de Joseph Ribera et gravé à l'eau forte par Louis Ferdinand. *Paris, N. Langlois*, 1 vol. in-4, vélin.

634. Probe Allerhand zierrathen und Kunstverserdigten vor Goldschmide Uhrmacher und andere curieuse Lecbhaber dienfich durch Peter Bourdon in Paris. Joh. Christoph Weigel, excudit. 1 vol. in-4, cart. renfermant dix-sept planches d'ornements curieux.

635. Chiffre généalogique contenant les degrés de consanguinité entre Monsieur le Dauphin et Madame la Dauphine; figures de Gravelot, et en tête deux très-jolis portraits de Louis XVI et Marie-Antoinette jeunes, gravés par Desnos.

636. Noticia utraque cum orientis tum occidentis ultra arcadii Honorisque cæsarum tempora. *Basileœ*, 1552; 1 vol. in-fol., vél., figures en bois.

637. Recueil de petites figures gravées d'après les dessins des plus habiles maîtres, propres à différents usages, gravés par Duncker. 1 vol. in-fol. oblong, br.

638. Le maistre d'armes, ou l'exercice de l'épée seule, par le sieur de Liancourt. *Paris*, 1686; 1 vol. in-8 oblong, v.

639. Les Travaux d'Ulisse, dédiés à Monseigneur de Liancourt, par van Thulden. 1 vol. in-fol. oblong, br.

640. Per le Nozze del nobile sig. co cavalier Gio. Esfare
Albani con. La nobile sig contessa Paola Martinengo.
1 vol. in-4, m. rouge.

641. Histoire de Louis XI, roi de France. *Paris, P. Met-*
tayer, 1610; 1 vol. in-fol., v., frontispice gravé par For-
naseris, où se trouve son portrait.

642. Venationes ferarum, aucium, piscuim, pugnac bes-
tiarum depictæ a Joanne Stradano; ediiæ A. Joanne
Galleo, carmine illustratæ A. C. Kiliano Dòfflaeo; 1 vol.
in-fol. oblong, vélin., renfermant 105 planches sur la
chasse, très-bel exemplaire.

643. Perspective, c'est-à-dire le très-renommé art du point
oculaire, par Hondius. 1 vol. in-fol. oblong, veau.

644. Imprese nobili et ingeniose di diversi principi, et
d'Altri personaggi illustri nellarme et nelle lettere. *Ve-*
netia, 1570; 1 vol. in-4, broche. Volume curieux d'em-
blêmes gravés à l'eau forte.

645. Compendia delle vete de pittori venezioni istorici pui
renomati del presente secolo con suos ritratti dal natu-
rale delineati ed incisi, da Alessandro Longhi Veneziano.
Venezia, 1762; 1 vol. in-fol., vélin. Portraits de peintres
italiens.

646. Il primo libro d'Architettura di M. Sabastiano Serlio
Bolognese; 1 vol. in-fol., br.

647. Vue des principaux ports et rades du royaume de
France, par Ozanne. *Paris,* 1819; 1 vol. in-fol., non
relié.

648. Les Campagnes de Duguay-Trouin; 1 vol., en tête se
trouve son portrait. Figures d'après Ozanne.

649. Marine militaire, ou recueil des différents vaisseaux,
qui servent à la guerre, par Ozanne; 1 vol. in-8, v.

650. Un vol. in fol. oblong, contenant une suite de 51
pièces, sujets de chasse, par Ridinger.

651. Ridinger. Un volume contenant une suite de vingt-cinq pièces, études d'animaux divers, avec titre et texte.

652. Beschryvinge ende lof der stad Haerlem in Holland, doar Samuel Ampzing. Hariem Adriaen Roaman. 1 vol. in-4, vél. Curieux pour l'histoire de l'imprimerie; il renferme l'atelier de Adrien Koster.

653. Mémoires historiques sur la vie et les travaux de Canova, par Quatremère de Quincy. *Paris*, 1834. 1 vol. in-8, d.-rel.

654. Histoire générale des guerres divisée en trois époques, par le chevalier d'Arcq. *Paris*, 1756. 2 vol. in-4, mar. rouge; filet tr. d. aux armes du prince de Conti. Ancienne reliure.

655. Muséum d'histoire naturelle, par Ch. Rohault fils, architecte du Muséum. *Paris, l'Auteur*, 1837; 1 vol. in-fol. cart.

656. Manière universelle de M. Desargues pour poser l'essieu et placer les heures et autres choses, aux cadrans au soleil. 1 vol. in-12, v., fig., par A. Bosse.

657. Dialogues Johannis Stamler Augustin de diversarum gencium sectis et munpi religionibus. 1 vol. in-fol. cart.

658. Le due regole della prospetiva pratica di M. Jacoma Borozzi da Vignola. *Roma*. 1611. 1 vol. in-fol. cart.

659. Bail des fermes Royales-unies fait à M. Jacques Forceville le 16 septembre 1738. *Paris*, 1749. 1 vol. in-4, mar. r., large dentelle, tr. d. Ancienne reliure.

660. Recueil des dessins de différents bâtiments construits à Saint-Pétersbourg et dans l'intérieur de l'empire de Russie, par Louis Rusca. *Saint-Pétersbourg*, 1810. 1 vol. in-fol. br.

691. Vues pittoresques et perspectives des salles du Musée des monuments français. *Paris*, 1816; 1 vol. in-fol. en feuilles.

662. Un vol. in-fol. oblong, contenant 28 vues des principales villes de l'Europe, d'après F.-B. Werner.

663. Un vol. in-fol. cart. contenant 221 vues de France, par Châtillon.

664. Recueil de 92 vues de Paris et de France, par Israël Silvestre. Superbes ép. du 1er état.

665. Silvestre. Vues et plans des principaux châteaux et villes de France, 1 vol. in-fol., mar. r., aux armes de France.

666. Recueil de 90 vues des plus beaux châteaux de France, gravés par Aveline. 1 vol. in-fol. oblong., cartonné.

667. Perelle. Vues de Paris, des principaux châteaux et maisons de France. Recueil de 249 planches, en 1 vol. in-fol. oblong, v. Il est très-rare de trouver cet ouvrage aussi beau et aussi complet, avec l'adresse de Langlois.

668. Topographia Galliae datis (Beschrij vinge) van Vranckrijk, etc. Vues intéressantes de France, etc., etc. *Amsterdam, by Gasper Meriaen*, etc., 1662; 4 vol. in-4, vél.

669. Fransche Merkurius, of Naukeurige beschryving - Van Geheel Vrankryk. 1 vol. [in-8, obl., vél. Vues de France.

670. Marieschi. 1 vol. in-fol., d.-rel., vél., contenant 21 pièces, vues de Venise.

671. Recueil de 48 gravures, vues de Venise, d'après Antoine Canale, gravées par A. Visentini. 1 vol. in-fol., obl., d.-rel., v.

672. Le même ouvrage, cartonné.

673. Tablettes parisiennes qui contient le plan de la ville et des faubourgs de Paris, divisé en 24 quartiers, par R. de Vaugondy. *Paris*, 1760; 1 vol. in-8, v.

674. Recueil de plusieurs traités de mathématiques de l'Académie royale des sciences. *Paris*, 1666; 1 vol. in-fol., mar., r., aux armes de France.

675. Verniquet. Atlas National de la ville de Paris. 1 vol. in-fol., d.-rel., mar.

676. Plans de différents jardins et hôtels de Paris. 1 vol. in-fol. vél. A la fin se trouve cinq feuilles dessins de portes-cochères.

677. Atlas, historique, généalogique, chronique et géographique de A. Le Sage. *Bruxelles*, 1827. 1 vol. in-fol., d.-rel.

678. Atlas général de la ville de Paris, par Jacoube 1836. 1 vol. gr. in-fol., d.-rel., mar. vert.

679. Description historique de Paris et de ses plus b monuments, par Béguillet. *Paris*, 177J ; 3 vol. in   v., fig., grav., par Martinet.

680. Plan de l'Hôtel royal des Invalides. 1 vol. in-fol., mar. r., aux armes de France.

681. Le même ouvrage. Superbe exemplaire mar. r., aux armes du prince Eugène de Savoie,

682. Hôtel-de-ville de Paris. mesuré, dessiné et gravé par Victor Calliat, architecte, inspecteur de l'hôtel-de-ville. *Paris, Bance*, 1851 ; 1 vol. in-fol., cart.

683. Cours d'architecture de Vignole avec les commentaires, par Daviler. 1 vol. in-4, v.

684. Neufforge. Recueil élémentaire d'architecture contenant plusieurs études des ordres d'architecture, etc. *Paris*, 1757-76 ; 8 tom. rel. en 6 vol. in-fol., d.-rel. v.

685. Blondel, Cours d'architecture. *Paris*, 1771-1777 ; 9 vol. in-8, dont 3 de planches, cart., n. rog.

686. Blondel. De la distribution des maisons de plaisance et des décorations des édifices en général. *Paris, Jombert* 1738; 2 vol. in-4, br., n. rog.

687. Livre des édifices antiques romains, par Ducerceau, 1594; 1 vol. in-fol., mar. violet.

688. Cabinet des singularités d'architecture, peinture, sculpture et gravure, par Florent Le Conte. 3 vol. in-8, v., fig.

689. De Groose Schouburgh der Nederlantsche Konstschilders en Schilderessen et Arnald Houbraken. Gravenhage. 1753; 3 vol. in-8, v., fig. Portraits de peintres flamands et hollandais; très-belles épreuves.

690. Plans du jardin et du château d'Issy. 1 vol. in-fol. vél.

691. Manière de bien bâtir pour toutes sortes de personnes, par P. Le Muet. *Paris*, 1681 ; 1 vol. in-fol., v.

692. Un vol. in-fol. obl., contenant 137 feuilles, renfermant des dessins de cuillères, sallières et tout ce qui a rapport à l'orfèvrerie.

693. Recueil de divers caprices et nouvelles inventions mises au jour, par E. de La Belle. *Paris*, 1646 ; 1 vol. in-fol., vél.

694. Modèles artificiels de divers vaisseaux d'argent et autres œuvres capricieuses, inventées et dessinées du renommé sieur Adam de Viane. 1 vol. in-fol. cart.

695. Storia della scultura dal suo risorgumento in italia fino al secolo di canova del conte Leopoldo Cicognara. 2 vol. in-fol., d.-rel. v.

696. Collection de dessins de serrurerie et de menuiserie modernes, par Binelli, Fay et de La Londe. 1 vol. br.

697. Choix de nouveaux modèles de serrurerie, publiés par Émile Leconte. *Paris, E. Leconte*, 1838 ; 1 vol. in-fol., cart.

698. Recueil des fontaines, vases, pyramides, etc., inventées par J.-C. de La Fosse, et gravées par de Wit. 1 vol. in-fol. br.

699. Maximi Tyrii philosophi platanici sermones e Graecain latinam linguam versi cosmo paccia interprete, etc. 1 vol. in-fol. br., avec un frontispice sur bois attribué à Holbein.

700. Livre nouveau de différents trophées inventés par A. Watteau et gravé par Huquier. 1 vol. in-fol. cart.

701. Recueil contenant 64 planches, cartouches et ornements divers, par B. Toro, Winckler, Haberman, Stokhman et autres. 1 vol. in-fol., vélin.

702. Portraits relatifs à l'histoire d'Angleterre, d'après Van der Werf, gravé par Gunst. 1 vol. in-fol., dem.-rel. veau.

703. Les ducs et princes de Hollande. 1 vol. in-fol., vélin; portraits gravés par Wisscher.

704. Chronique illustrée des rois de France, depuis Pharamond jusqu'à Henri III. *Venetia*, 1588; 1 vol. in-fol., veau.

705. Recueil de dix portraits anglais, en pied, d'après van Dyck, gravés par P. Gunst. 1 vol. in-fol., cartonné.

106. Les rois d'Angleterre; suite de 137 portraits faisant partie de la chronologie Collée, 1 vol. in-fol., cart.

707. Galerie française ou portraits des hommes et des femmes célèbres qui ont paru en France. *Paris, Herissant*, 1771; 1 vol in-fol., veau.

708. Abrégé de l'histoire française avec les effigies des rois, tirées des plus rares et excellents cabinets de la France. *Paris, Jehan le Clerc*, 1585; 1 vol. in-fol., vél. Figures sur bois.

709. Quatre albums cartonnés contenant 211 portraits français, anglais, flamands, espagnols, etc.

710. Deux vol. in-8, veau, contenant 45 portraits, évêques et autres portraits français.

711. Recueil de 49 portraits, gravés par J. Gole, savoir: Louis XIV, — Marie-Thérèse, — Ortence Mancini, — Mme de La Vallière, — Mme de Montespan, — le grand dauphin, — princesse palatine et autres; portraits étrangers. 1 vol. in-fol., cart.

712. Recueil de 64 portraits français, anglais et hollandais. Beaucoup sont gravés en manière noire.

713. Deux recueils contenant 123 portraits anglais, par différents graveurs.

714. Recueil de 73 pièces, portraits, paysages et sujets divers, gravures et lithographies.

715. Gatine. Les ouvrières de Paris; suite de 47 costumes, en 1 vol. in-4, cart. coloriés.

716. Gatine. Costume des paysannes du pays de Caux. 1 vol. in-4, dem.-rel., veau, contenant 88 pièces coloriées.

717. Recueil contenant 48 portraits en pied des principaux membres du Directoire et autre costumes coloriés.
1 vol. in-4, cart.

718. Le recueil des armes de plusieurs nobles maisons et
familles de France. 1 vol. in-fol., cart.

719. Hollar. Recueil de 21 costumes allemands dans un
vol. in-8, broché.

720. Costumes russes. 4 tom. en 2 vol. in-4, veau.

721. Onze volumes in-8, contenant environ 90 costumes et
coiffures du temps de la République, avec texte, publiés
en Allemagne.

722. OEuvres de Molière, nouvelle édition. *Paris, Babuty,*
1770; 8 vol. in-16, veau, fig. de Boucher.

723. Les OEuvres de Molière. *Lyon, Jacques Lions,* 1692;
8 vol. in-16, veau, figures.

724. Contes et nouvelles en vers, par M. de La Fontaine.
Amsterdam, Henri Des Bordes, 1685; 2 tom. en un vol.
in-12, veau, fig. de R. de Hooge.

725. Mémoires et anecdotes pour servir à l'histoire de
M. Duliz avec Mlle Pélissier. *Londres,* 1739; 1 vol. in-12,
veau. Figures.

726. Métamorphoses Ovidii, argumentis quidem saluta
oratione. Figures par J. Sprengium. *Paris, apud Huron,
de Marnef,* 1570; 1 vol. in-16, vélin.

727. Calendarium inclyti ordinis equestris, D. Huberto
sacri. 1 vol. in-16, cart. Volume d'armoiries.

728. Contes et nouvelles en vers, par M. de La Fontaine.
Amsterdam, 1764; 2 vol. in-8, mar. rouge, fil., tr. dorées.
Copie en contre-partie de l'édition des fermiers généraux.

729. L'office de la semaine sainte. 1 vol. in-8, mar. rouge,
tranches dorées (très-belle reliure).

730. Le même ouvrage.

731. Breviarum clunacense juxta regulam sancti bene-
dicti, et mentem Pauli V, pontificis maximi. *Paris,*

1779; 4 vol. in-8, mar. rouge, fil., tran. dorées.

732. Charlet. 6 vol. gr. in-4, contenant 384 lithographies, dont beaucoup tirées d'albums, titres de romances et pièces inédites.

633. Croquis, par Decamps; Gihaut frères, éditeurs, boulevart des Italiens. 1 vol. in-fol. oblong, contenant 28 lithographies.

734. Le même ouvrage, broché.

735. Raffet. Albums de 1832 à 1834. 1 vol. in-fol. oblong, contenant 41 pièces.

736. Keepsake Vénitien, illustration des anciennes chroniques de Venise. 1 vol. in-4, cart.

727. Trente et Inspruck, par Frédéric Marcey. *Paris*, 1842. — Les Inconnues, esquisses et profils de femmes, par le marquis de Foudras. 2 vol. in-4, cart. Très-belles vignettes anglaises.

728. Un volume contenant 96 pièces, vignettes, culs de lampes, etc., pour illustrer les œuvres de La Fontaine, Rousseau et autres.

729. 1 vol. in-fol., veau contenant 281 pièces, d'après différents maîtres de l'école italienne, gravées par Marc-Antoine et autres.

730. 1 vol. in-fol. oblong, contenant 200 gravures, par Perelle, Labelle et autres.